HARRIET LERNER

Beziehungsregeln

GOLDMANN
Lesen erleben

Buch

Kann man etwas so Emotionales wie eine Beziehung mit Hilfe von Regeln retten, heilen und glücklich gestalten? Harriet Lerner beweist: Ja, man kann. Ihre Regeln beruhen auf Erfahrung – und sind deshalb so erstaunlich hilfreich. Von den Problemklassikern – »Er hört mir nicht zu«, »Ich kann ihr nichts recht machen« – bis hin zu komplexeren Schwierigkeiten im Umgang mit Kritik, Streit, Sex, Kindern oder dem unterschiedlichen Bedürfnis nach Nähe bietet sie überraschende Lösungen an. Unter anderem:

- Versuchen Sie nicht, aus einer Katze einen Hund zu machen.
- Probieren Sie ein »neues Ich« aus.
- Stellen Sie keine Diagnosen, verabreden Sie sich zu einem Date.
- Nur eine Kritik am Tag.
- Gehen Sie sorgfältiger mit Ihrer Energie um.
- Bleiben Sie neugierig: Sie wissen *nicht*, wie Ihr Partner sich fühlt!
- Warten Sie nicht, bis Sie »in Stimmung« sind.

Harriet Lerner verspricht: Allein die Beachtung von zehn Regeln, die uns besonders berühren, hilft uns, negative Dynamiken umzukehren und mit unserem Partner das zu leben, was wir uns wünschen: Vertrauen, Zärtlichkeit, Verbundenheit und Liebe.

Autorin

Dr. Harriet Lerner zählt international zu den renommiertesten Psychologinnen. Bekannt wurde sie vor allem durch wesentliche Beiträge zur Psychologie von Frauen und Beziehungen. Ihr Buch »Wohin mit meiner Wut?« wurde in 35 Sprachen übersetzt und ist weltweit ein Longseller. Harriet Lerner lebt mit ihrem Mann in Kansas und hat zwei erwachsene Söhne.

Harriet Lerner

Beziehungsregeln

Die ultimativen Tipps für alle, die Partnerschaftskrisen satt haben

Aus dem Amerikanischen von

Ursula Pesch

GOLDMANN

Die amerikanische Originalausgabe erschien 2012 unter dem Titel »Marriage Rules« bei Gotham Books, einem Imprint der Penguin Group Inc., USA. Die deutsche Erstausgabe erschien 2012 im Kailash Verlag, Verlagsgruppe Random House GmbH, München.

MIX
Papier aus verantwortungsvollen Quellen
FSC® C014496
FSC www.fsc.org

Verlagsgruppe Random House FSC® N001967
Das für dieses Buch verwendete FSC®-zertifizierte Papier *Pamo House* liefert Arctic Paper Mochenwangen GmbH.

1. Auflage
Taschenbuchausgabe November 2014
Wilhelm Goldmann Verlag, München,
in der Verlagsgruppe Random House GmbH

This edition published by arrangement with Gotham Books, a member of Penguin Group (USA) Inc.
Lektorat: Claudia Alt, München
al · Herstellung: cb
Umschlaggestaltung: UNO Werbeagentur München
Umschlagmotiv: Shutterstock
Satz: EDV-Fotosatz Huber/Verlagsservice G. Pfeifer, Germering
Druck und Bindung: GGP Media GmbH, Pößneck
Printed in Germany
ISBN 978-3-442-22091-5

www.goldmann-verlag.de

Für Betty Carter und Monica McGoldrick,
brillante Pionierinnen im Bereich der
Familientheorie und -therapie

Inhalt

Anmerkung der Autorin

Zu diesem Buch hat mich Michael Pollans Buch *64 Grundregeln Essen* inspiriert, ein dringend benötigter Leitfaden, der dem Leser die täglichen Entscheidungen in puncto gesunde Ernährung erleichtern soll. »Essen Sie kein Müsli, das die Farbe der Milch verändert«, rät Pollan, und »Essen Sie nichts, was Ihre Großmutter nicht als Essen erkannt hätte«. Seine Regeln umfassen all das Wissen, das man benötigt, um sich klug und gesund zu ernähren. Ernährung, so zeigt Pollan, muss nicht so kompliziert sein.

Das Gleiche gilt für Liebesbeziehungen und Ehen, dachte ich, während ich Pollans Ratgeber durchblätterte. Warum nicht ein Buch über die Paarbeziehung für all diejenigen schreiben, die einfach nur die Regeln kennen möchten, ohne die dahinterstehende Theorie? Zugegeben, eine Beziehung zu führen ist komplizierter als essen. Ich kam jedoch zu dem Schluss, dass es nicht allzu schwierig sein würde, hundert klar formulierte Regeln aufzuzeigen, die dafür sorgen, dass eine Beziehung funktioniert oder zumindest eine bessere Chance hat, funktionieren zu können.

Ich bin Michael Pollan dankbar, mich daran erinnert zu haben, dass die schwierigsten Sachverhalte oft am klarsten werden, wenn man sie mit einfachen Worten vermittelt.

Einleitung: Das sollte doch nicht so schwierig sein

Viele Menschen geben ihr sauer verdientes Geld dafür aus, sich Rat bei Beziehungsexperten zu holen, obwohl sie doch bereits wissen, was sie tun müssten, um eine gute Beziehung zu führen – oder zumindest eine bessere. An diese Tatsache wurde ich kürzlich erinnert, als ich miterlebte, wie ein junges Paar im Beisein von Familie und Freunden sein Ehegelübde ablegte.

Die beiden sagten abwechselnd:

Ich gelobe, dich immer mit Freundlichkeit und Respekt zu behandeln.
Ich gelobe, treu, ehrlich und fair zu sein.
Ich gelobe, dir genau zuzuhören.
Ich gelobe, mich zu entschuldigen, wenn ich im Unrecht bin, und jeden Schaden wiedergutzumachen, den ich angerichtet habe.
Ich gelobe, in guten wie in schlechten Zeiten dein Partner und bester Freund zu sein.
Ich gelobe, mich in unserer Beziehung von meiner besten Seite zu zeigen.
Ich gelobe, diese Versprechen an jedem einzelnen Tag zu beherzigen.

Wie, glauben Sie, ist dieses Paar auf seine Versprechen gekommen? Hat es die zahllosen Selbsthilfebücher und Blogs über das Wie einer erfolgreichen Ehe durchforstet? Hat es die Werke von Beziehungsberatern und Psychologen gelesen und die jüngsten Forschungsarbeiten zum Scheitern und Gelingen der Ehe studiert?

Natürlich nicht. Die beiden haben ihr Herz befragt, haben sich an ihre Grundwerte, ihre Lebenserfahrung und die Goldene Regel* gehalten. Bis wir alt genug sind, uns einen Lebenspartner zu wählen, haben wir eine Reihe von Beziehungen beobachtet und eine ziemlich gute Vorstellung davon, was die Dinge besser und was sie schlechter macht. Wir wissen, dass es normalerweise eine gute Idee ist, den anderen so zu behandeln, wie wir selbst behandelt werden möchten.

Wenn dieses Paar die gegebenen Versprechen im Alltag umsetzen kann (selbst mit einem großen Fehlerspielraum), wird seine Ehe in der Tat sehr gut funktionieren. Gibt es für die Experten darüber hinaus noch etwas zu sagen?

Zugegeben, so einfach ist es nicht!

Das Scheitern so vieler Ehen und Paarbeziehungen macht deutlich, dass die Menschen sich offensichtlich nicht an ihre Versprechen oder ihre besten Absichten halten, so wie sie sich auch nicht gesund ernähren, selbst wenn sie wissen, dass es gut für sie ist. Paradoxerweise ist die Wahrscheinlichkeit, dass wir die größte Reife und Rücksichtnahme zeigen, ausgerech-

---

* Diese Regel lautet: »Behandle andere so, wie du von ihnen behandelt werden möchtest.«

net in unseren dauerhaftesten und wichtigsten Beziehungen am geringsten.

Das wirkliche Leben ist chaotisch und kompliziert. Wenn wir mit jemandem Tisch und Bett teilen, unser Geld zusammenlegen und die zahllosen Entscheidungen bewältigen, die uns der Alltag abverlangt – dann kann natürlich einiges schieflaufen. Daneben gibt es dann noch den Ballast, den wir aus unserer Herkunftsfamilie mitbringen, all die ungelösten Probleme aus der Vergangenheit und vor allem auch die vielen Belastungen, denen wir auf unserem Weg durchs Leben ausgesetzt sind. Wenn wir ein Kind bekommen oder adoptieren (oder auch Stiefeltern werden), wird die Sache noch komplizierter, weil eine Partnerschaft nichts mehr in Anspruch nimmt, als ein Familienmitglied dazuzubekommen oder zu verlieren. Tatsächlich wundert es mich, dass nicht alle Beziehungen bis zum ersten Geburtstag des Babys zerbrochen sind.

Die Kampf-oder-Flucht-Reaktion

Mit zunehmendem Alter werde ich in puncto Beziehung immer bescheidener. Wenn die Angst groß genug geworden ist und lange genug anhält, kann selbst die reifste Partnerschaft den Eindruck erwecken, dysfunktional zu sein. Um die Autorin Mary Karr zu paraphrasieren: Jede Beziehung, in der es mehr als eine Person gibt, ist eine dysfunktionale Beziehung.

Ich erinnere meine Leser immer wieder daran, dass selbst die besten Beziehungen in zu viel Distanz, zu starken Emotionen und zu viel Schmerz stecken bleiben. Die Neigung zu Kampf oder Flucht ist in uns angelegt, und die Beziehung ist ein Blitzableiter, der Angst und Anspannung von jeder Quelle ansaugt. Falls Sie es noch nicht bemerkt haben: Stress wird immer unser Begleiter sein.

In unserem Leben geschehen so viele Dinge, dass es für die beiden Partner normal ist, zwischen Konflikten (Kampf-Reaktion) und Distanz (Flucht-Reaktion) hin- und herzuschwanken. Und glauben Sie ja nicht, dass das Universum, wenn es Ihnen eine enorme Belastung aufbürdet, nicht noch weitere Schicksalsschläge parat hat, während Sie schon am Boden liegen. Der Gesundheitszustand Ihrer Mutter verschlechtert sich, Ihr Hund stirbt, Ihr Sohn bricht die Drogentherapie ab, und Ihr Mann hat seinen Job verloren – alles im selben Jahr. Solange Sie kein Heiliger oder erfahrener Zen-Buddhist sind, ist die Vertrautheit zwischen Ihnen und Ihrem Partner vielleicht das Erste, was dieser Situation zum Opfer fällt.

Sind Sie motiviert, eine bessere Beziehung zu führen?

Die nachfolgenden Regeln mögen einfach klingen, doch es ist schwierig, Veränderungen herbeizuführen und vor allem, sie langfristig aufrechtzuerhalten. Wie beim Erlernen einer Sprache oder bei regelmäßigem Sport ist auch für das Führen einer Beziehung nichts wichtiger als die Motivation.

Die Voraussetzungen, um die Beziehungsregeln in die Praxis umsetzen zu können, sind:

1. Wohlwollen und der aufrichtige Wunsch, Ihre Beziehung zu verbessern.
2. Die Offenheit, sich auf Ihr Selbst zu konzentrieren. (Dabei geht es nicht um Selbstvorwürfe, sondern um

die Fähigkeit, Ihre eigenen Schritte in einem Muster, das Ihnen Schmerz bereitet, zu beobachten und zu verändern.)

3. Die Bereitschaft, mutig Veränderungen anzugehen.
4. Die Bereitschaft zu üben, zu üben und nochmals zu üben.

Alles Lohnende erfordert Übung. Das gilt auch für eine Beziehung. Man kann sich darin üben, dem Bedürfnis, recht zu haben oder jede Auseinandersetzung für sich zu entscheiden, die Zufriedenheit vorzuziehen. Man kann sich in Großzügigkeit und Offenheit üben. Man kann sich darin üben, mit fester Stimme zu sprechen und trotzdem einen lockeren Ton beizubehalten. Man kann sich darin üben, die Wogen zu glätten und Schwung in die Sache zu bringen, selbst wenn der Partner sich unangenehm verhält. Man kann sich darin üben, einen festen Standpunkt zu einer Sache einzunehmen – einen, der nicht verhandelbar ist, auch dann nicht, wenn die Beziehung Belastungen ausgesetzt ist.

Es hilft, die Regeln zu kennen – oder vielleicht besser die Vorschläge, die es zu bedenken lohnt. Manchmal müssen wir einfach nur an unseren gesunden Menschenverstand erinnert werden. Dann wieder sind Fantasie und unkonventionelle Ideen nötig, um ein altes Problem aus einem neuen Blickwinkel betrachten zu können. Schauen Sie sich also diese Vorschläge an, und sehen Sie, ob sie Sie dazu inspirieren können, etwas Neues zu versuchen. Es ist in Ordnung, zunächst einmal kleine Brötchen zu backen. Kleine, positive Veränderungen haben ihre eigene Art, sich in großzügigere, umfassendere zu verwandeln. Ihre Beziehung wird es Ihnen danken.

1

Bringen Sie Schwung in die Sache

Schwung in die Sache bringen? Nicht jeder reagiert positiv auf diesen Vorschlag. So meinte einer meiner Klienten: »Ich soll ihr Herz erwärmen und kleine Dinge tun, um ihr das Gefühl zu geben, etwas Besonderes zu sein? Verschonen Sie mich damit! Ich habe den größten Teil meines Lebens damit verbracht, nett zu sein, und ich werde damit gar nicht erst wieder anfangen.«

Er bestand darauf, das zu tun, was sich »echt und natürlich« anfühlte, was so viel hieß wie, das Vertraute zu tun – ein Leben auf Autopilot in einer Ehe, mit der es bergab ging.

Manchmal müssen wir bewusst auf Kritik und eine negative Einstellung verzichten und stattdessen mit Freundlichkeit und Großzügigkeit experimentieren. Das mag Ihnen als Ding der Unmöglichkeit erscheinen, wenn Sie der Geschädigte sind und eine lange Liste berechtigter Beschwerden haben. Tatsächlich ist es nicht unmöglich. Es ist nur extrem schwierig.

Warum sollten Sie sich in Freundlichkeit üben, wenn Ihr Partner sich mies verhält? Hier geht es nicht darum, echte Probleme durch unechte Freundlichkeit zu übertünchen. Vielmehr bereiten Freundlichkeit, Respekt und Großzügigkeit den Weg für Authentizität, das Aussprechen der Wahrheit und eine konstruktive Problemlösung. Meine Freundin und Kollegin Marianne Ault-Riché hat dies so formuliert: »Gerade wenn Ihr Partner sich wie der letzte Trottel benimmt, sollten Sie sich von Ihrer besten Seite zeigen.«

Regel Nr. 1

Respektieren Sie die Unterschiede!

Eine Beziehung erfordert tiefen Respekt vor den Unterschieden. Eine meiner Lieblingskarikaturen, gezeichnet von meiner Freundin Jennifer Berman, zeigt einen Hund und eine Katze zusammen im Bett.

Der Hund schaut missmutig drein und liest ein Buch mit dem Titel *Wenn Hunde zu sehr lieben.*

Die Katze sagt: »Ich bin nicht *distanziert*! Ich bin eine Katze, verdammt noch mal!«

Ich liebe diese Karikatur, weil die Beziehung am besten funktioniert, wenn mindestens einer der Partner die Unterschiede leichter nehmen kann. Natürlich glauben wir alle insgeheim, dass wir im alleinigen Besitz der Wahrheit sind und dass die Welt ein besserer Ort wäre, wenn jeder so wäre wie wir. Dieses Problem habe ich auch. Doch es ist ein Akt der Reife zu erkennen, dass Unterschiede nicht bedeuten, dass der eine recht und der andere unrecht hat.

Wir alle betrachten die Realität abhängig von sozialer Zugehörigkeit, Kultur, Geschlecht, Geburtsfolge, Erbgut und individueller Familiengeschichte durch unterschiedliche Filter. Es gibt so viele Ansichten über »die Wahrheit«, wie es Menschen gibt, die diese Ansichten vertreten. Auch gibt es Unterschiede in der Art, wie Einzelne mit ihrer Angst umgehen (unter Stress sucht sie vielleicht nach Zweisamkeit, er nach Distanz).

Vertrautheit erfordert, dass wir …

- *nicht zu viel Angst vor Unterschieden haben.*
- *nicht so tun, als hätten wir die Wahrheit gepachtet.*
- *Nähe nicht mit Gleichheit verwechseln.*

»Unterschiede respektieren« bedeutet nicht, dass wir es akzeptieren, wenn unser Partner uns erniedrigt oder unfair behandelt. Es heißt einfach nur, dass Unterschiede nicht unbedingt bedeuten, dass der eine recht und der andere unrecht hat. Arbeiten Sie daran, emotional mit einem Partner verbunden zu bleiben, der anders denkt und fühlt als Sie, ohne ihn umstimmen oder es ihm gründlich zeigen zu müssen.

Regel Nr. 2

Machen Sie keinen Druck, wenn Ihr Partner unter Druck steht

Wenn Sie gern reden, fällt es Ihnen möglicherweise schwer, mit jemandem zusammenzuleben, der die Dinge eher mit sich selbst ausmacht. In einer Beziehung ist dieser Unterschied zweifellos von Bedeutung. Vielleicht haben Sie seine coole, selbstsichere Art bewundert, als Sie sich kennenlernten, doch das, was uns anfänglich anzieht und was später zu »dem Problem« wird, ist oft ein und dasselbe.

Völlige Offenheit ist zwar eine Möglichkeit, Nähe herzustellen, aber nicht die einzige. Die Sozialpsychologin Carol Tavris erinnert sich:

> *Vor vielen Jahren musste mein Mann sich einigen ihn beunruhigenden ärztlichen Untersuchungen unterziehen. Am Abend, bevor er ins Krankenhaus gehen sollte, trafen wir uns mit einem seiner besten Freunde, der aus England zu Besuch war, zum Essen. Fasziniert beobachtete ich, wie männlicher Stoizismus gepaart mit britischer Reserviertheit zu einer entschieden frauenuntypischen Begegnung führte. Die beiden lachten, erzählten sich Geschichten, diskutierten über Filme, schwelgten in Erinnerungen. Sie erwähnten weder das Krankenhaus noch ihre Sorgen oder ihre Zuneigung zueinander. Das brauchten sie nicht.*

Zeigen Sie Verständnis dafür, wenn Ihr Partner auf andere Weise als Sie mit emotionaler Anspannung umgeht und völlig andere Dinge braucht, um sich wohlzufühlen. Sie können ihn leichter für ein Gespräch gewinnen, wenn Sie daran denken, dass in einer Beziehung die Verbindung zueinander unterschiedliche Formen annimmt und Liebe auf unterschiedliche Weise gezeigt wird. Dass Ihr Partner verschwiegen ist, muss nicht unbedingt bedeuten, dass er sich versteckt, sondern es kann seine bevorzugte Art sein, am Leben teilzunehmen. Versuchen Sie, diese »Art« wertzuschätzen, statt Energie darauf zu verschwenden, sie zu ändern.

Regel Nr. 3

Erst tief durchatmen, dann reden

Offen unsere Meinung zu sagen und unser Herz sprechen zu lassen, bildet den Kern der Vertrautheit. Wir sehnen uns alle nach einer Beziehung, die so entspannt und innig ist, dass wir einander alles sagen können, ohne darüber nachdenken zu müssen. Wer möchte sich schon in einer Beziehung verstecken, in der man es sich nicht erlauben kann, gekannt zu werden? Das Gebot »Sei du selbst« ist ein kulturelles Ideal, und glücklicherweise ist für diesen »Job« niemand besser qualifiziert als Sie selbst.

Doch offen seine Meinung zu sagen und »ehrlich« zu sein, ist nicht immer eine gute Idee. Manchmal legen wir im Namen der Authentizität und Wahrheit Kommunikationswege still, würdigen den anderen herab, beschämen ihn und verhindern, dass zwei Menschen einander zuhören oder im selben Raum bleiben können. Zuweilen reden wir ein Thema tot oder konzentrieren uns in einer Weise auf das Negative, die uns nur noch tiefer herunterreißt.

Treffen Sie kluge und wohlüberlegte Entscheidungen, *wie* und *wann* Sie Ihrem Partner *was* sagen. Verkneifen Sie sich das Reden, wenn Sie wütend oder erbittert sind, wenn Ihr Partner schlechte Laune hat oder wenn Sie einfach seine Aufmerksamkeit nicht haben.

Richtiges Timing und Takt in einer Partnerschaft sind nicht das Gegenteil von Ehrlichkeit. Wenn die Gefühle hochkochen, sind sie vielmehr genau das, was Ehrlichkeit möglich macht.

Regel Nr. 4

Denken Sie an das 5:1-Verhältnis

Während wir umeinander werben – in der »Klettverschluss-Phase«, wie ich sie nenne –, konzentrieren wir uns automatisch auf das Positive. Wir wissen, wie wir unserem Partner das Gefühl geben können, dass er geliebt und geschätzt wird und von uns auserkoren wurde. Wir finden unsere Unterschiede vielleicht interessant oder aufregend und sehen über das Negative hinweg.

Je länger Paare zusammen sind, desto mehr kehrt sich diese »selektive Aufmerksamkeit« um. Jetzt schenken wir automatisch dem Aufmerksamkeit, was wir zu bemängeln haben, und *genau das* ist es, was uns auffällt und worüber wir sprechen. (»Warum gibst du so viel Wasser in den Topf für die Pasta?«, »Weißt du nicht, dass man mit diesem Messer keine Tomaten schneidet?«) Das Positive hingegen fällt uns nicht auf, und wir kommentieren es auch nicht. (»Es hat mir gefallen, wie humorvoll du heute Abend am Telefon mit deinem Bruder umgegangen bist.«)

Versuchen Sie, sich auf das Positive zu konzentrieren, selbst wenn Sie wütend oder enttäuscht sind. Streben Sie nach einem Verhältnis von 5:1 von positiven zu negativen Interaktionen (das Rezept des Beziehungsexperten John Gottman zur Scheidungsprävention). Wenn Sie sehr wütend auf Ihren Partner sind, führen Sie das Experiment einfach nur mal eine Woche lang durch und sehen Sie, was passiert. Selbst ein Verhältnis von 2:1 ist ein guter Anfang.

> Streben Sie nach einem Verhältnis von 5:1 von positiven zu negativen Interaktionen.

Wenn Sie bei Ihrem Partner nicht viel Positives entdecken können, ist Ihnen die Perspektive abhandengekommen. Jeder Mensch hat seine Stärken und guten Seiten. Jeder Mensch ist besser und vielschichtiger als die schlimmsten Dinge, die er getan hat. In jeder Beziehung gibt es einiges Lohnende, selbst wenn beide Partner vergessen haben, wie sie es bemerken und kommentieren können.

Denken Sie daran, dass Sie Interesse, Großzügigkeit und Liebe nicht nur mit Worten, sondern auch auf nonverbale Weise mitteilen können. Eine einfache Geste – eine Hand auf dem Rücken, ein Nicken, ein Lächeln – kann Ihrem Partner das Gefühl geben, wahrgenommen zu werden und Ihnen wichtig zu sein.

Regel Nr. 5

Aufs Detail kommt es an!

Viele Partner tun liebevolle und herzerwärmende Dinge. Mein Mann Steve zum Beispiel bringt mir morgens Kaffee, kocht normalerweise das Abendessen und behebt jede Funktionsstörung meines Computers. Er sagt mir oft, wie sehr er mich liebt und bewundert und wie glücklich er ist, mit mir verheiratet zu sein. Er hält immer dieses Verhältnis von 5:1 von positiven zu negativen Interaktionen ein, es sei denn, er hat einen schlechten Tag.

Als ich jedoch vor einigen Jahren Ellen Wachtels Buch mit dem Titel *We Love Each Other, But* ... las, wurde mir klar, dass Steve mir schon seit langer Zeit die *besonderen* Dinge nicht mehr sagte, die ihm auffielen und die er bewunderte, etwas, was er in der Anfangszeit unserer Beziehung oft getan hatte. Ich erkannte auch, dass ich Steve diese positiven Dinge genauso wenig sagte – nicht dass er sich etwa darüber beschwerte.

Interessanterweise verstehen Erwachsene, dass Kinder jeden Alters Lob für ihre besonderen Eigenschaften und Verhaltensweisen brauchen. Es reicht nicht, »Du bist der Größte« und »Ich liebe dich so sehr« zu sagen. Kinder müssen auch hören: »Toll, dass du dein Spielzeug teilst!« Oder: »Es war sehr mutig von dir, deiner Freundin zu sagen, wie du dich gefühlt hast, als sie dich nicht zu ihrer Geburtstagsparty eingeladen hat.«

> Sagen Sie Ihrem Partner die besonderen Dinge, die Sie an ihm bewundern.

Zuerst kam ich mir ein bisschen albern vor, diese Art von Feedback von Steve einzufordern. Eine verbreitete Ansicht besagt, dass man keine Bestätigung und kein Lob von außen braucht, wenn man ein solides Selbstwertgefühl hat (was übrigens offenkundig falsch ist).

Ich beschloss, mich zunächst einmal selbst so zu verhalten, bevor ich Steve darum bat. Ich experimentierte mehrere Monate lang damit herum, die speziellen Dinge zu bemerken, die ich nicht mehr wahrgenommen oder nach jahrzehntelanger Ehe als selbstverständlich hingenommen hatte, und Steve dafür zu loben (»Du warst so urkomisch bei der Party gestern Abend!«). Je öfter ich meine Wertschätzung für Steves spezielle Stärken zum Ausdruck brachte, desto mehr schätzte ich ihn. Steve tat das Gleiche für mich, als ich ihn darum bat, doch am meisten brachte es mir, die Verhaltensänderung selbst zu beherzigen, die ich von ihm sehen wollte.

Regel Nr. 6

Sie wissen bereits, was zu tun ist

Bücher und Zeitschriften warten mit einer Fülle von Tipps auf, wie man dem Partner das Gefühl geben kann, etwas Besonderes zu sein und geliebt und geschätzt zu werden.

Sie brauchen diese Ratschläge nicht.

Egal, wie weit Sie sich auseinandergelebt haben, und egal, wie schwer von Begriff Sie Ihrer Meinung nach in puncto Beziehungen sind, Sie können dieses Buch jetzt sofort schließen und mindestens drei Dinge nennen, die Sie tun könnten, um das Herz Ihres Partners zu erwärmen und Ihre Beziehung zu verbessern.

Einer meiner Klienten behauptete steif und fest, er habe »alles versucht« und keine Ahnung, wie er seine Ehe verbessern solle. Doch er brauchte nur einen klitzekleinen Anstoß, und schon fielen ihm bestimmte Dinge ein, die er tun konnte, damit seine Frau sich geliebt fühlte. Dies waren seine Ideen:

> Kein Experte dieser Welt weiß so genau wie Sie, was das Herz Ihres Partners erfreut.

1. Ich könnte ihr Lieblingsgericht kochen und das Essen fertig haben, wenn sie heute Abend von der Arbeit nach Hause kommt.
2. Ich könnte meine Sachen im Keller bis Ende des Monats aufgeräumt haben.
3. Ich könnte ihr sagen, dass ich eine Zeit für Sonntagmorgen festlegen möchte, um über all ihre Sorgen wegen unserer Tochter zu sprechen. Ich könnte ein-

fach zuhören und Fragen stellen, egal, wie lange es dauert.

Kein Experte dieser Welt weiß so genau wie Sie, was das Herz Ihres Partners erfreut. Der schwierige Teil ist der, damit anzufangen und es auch beizubehalten.

Regel Nr. 7

Erinnern Sie sich an den Sandkasten

Es gibt eine alte Geschichte über zwei kleine Kinder, die zusammen in einem Sandkasten mit ihren Eimerchen und Schaufeln spielen. Plötzlich bricht ein Riesenstreit aus, und eins der Kinder läuft schreiend davon: »Ich hasse dich! Ich hasse dich!« Doch ruck, zuck! – sitzen die beiden wieder einträchtig im Sandkasten und spielen zufrieden miteinander.

Zwei Erwachsene beobachten den Vorfall von einer nahe gelegenen Bank aus. »Haben Sie das gesehen?«, fragt der eine. »Wie machen Kinder das? Vor fünf Minuten waren sie noch Feinde.«

»Ganz einfach«, erwidert der andere. »Sie entscheiden sich für das Glück statt fürs Rechthaben.«

Wir können uns eine Menge Leid ersparen, wenn wir danach streben, diesen Kindern ähnlicher zu sein. Partnern in auf Dauer angelegten Beziehungen fällt es unglaublich schwer, ihre Wut und ihren Schmerz zu begraben, weil ihr Bedürfnis, recht zu haben, sie davon abhält, in den Sandkasten zurückzukehren, bis der andere zugibt, dass er den Streit angezettelt und völlig unrecht hat. Wir verbeißen uns auf Kosten von Zufriedenheit und Wohlbefinden in eine negative Haltung.

Ich fühle mich besänftigt und erleichtert, wenn mein Mann Steve mitten in einem Streit an meine Bürotür klopft, mich in den Arm nimmt und sagt: »Ich liebe dich. Das hier ist dumm. Lassen wir das einfach.« Vor vielen Jahren erfand er ein albernes »1-2-3 Schluss damit!«-Ritual, das mich zum Lachen bringt und meinen Zorn verfliegen lässt. Es ist eine Erleichterung, wenn Steve sich für einen lockeren, spielerischen Ton entscheidet, nachdem wir uns – selbst für unsere eigenen Ohren wie Idioten klingend – bei einem zunehmend eskalierenden Streit im Kreis gedreht haben.

Natürlich gibt es Zeiten, in denen wir zum Kern einer wichtigen Unterhaltung vordringen müssen. Einige Probleme dürfen wir nicht beiseiteschieben, sondern müssen sie wieder aufgreifen. Wir brauchen Worte, um Enttäuschungen, Ungerechtigkeiten und Risse in unseren Beziehungen zu heilen. Doch in rund 85 Prozent der Fälle ist der beste Tipp für eine glückliche Beziehung der, sich an den Sandkasten zu erinnern. Nehmen wir uns diese Kinder zum Vorbild.

Regel Nr. 8

Tun Sie zehn Tage lang so, als ob

Vielleicht denken Sie, dass Sie keine der bisherigen Regeln befolgen und sie schon gar nicht auf Dauer einhalten können. Sie sind so wütend auf Ihren Partner, dass Sie bei jeder Art von »Sei positiv«-Rat mit einem Würgereiz kämpfen, vor allem, da es sich nicht authentisch anfühlen würde.

Zweifellos strebt keiner von uns danach, unaufrichtig zu sein oder in einer Beziehung auszuharren, in der er nicht er selbst sein kann. Oberflächliche Affirmationen, »positiv zu denken« und sich »auf die Lichtseite zu konzentrieren«, können fraglos wirklichen Schmerz und emotionale Vielschichtigkeit kaschieren und uns dazu ermuntern, eine Lüge zu leben, was schlimmer ist, als jemanden anzulügen.

Doch hier ist das Paradoxon: Wir sind zuweilen so in unserer negativen Haltung gefangen, dass wir das, was wahr oder möglich oder »noch da« ist, nur erkennen können, indem wir unser sogenanntes wahres Selbst zügeln. Wir müssen uns alle von unserer gewohnten, unproduktiven Art befreien, auf unseren Partner zu reagieren. In einer Partnerschaft mit Verstellung zu experimentieren, kann zu hervorragenden Erfolgen führen – das heißt solange Sie sich nicht aus Angst oder dem Wunsch verstellen, tatsächliche Probleme zu leugnen.

Wenn Sie in einer negativen Haltung feststecken, sollten Sie darüber nachdenken, zehn Tage lang ein Experiment zu wagen, indem Sie kreativ »so tun, als ob«. Tun Sie so, als sei Ihr Partner oder Ihre Partnerin bereits derjenige Mensch, den Sie sich wünschen. Täuschen Sie Dankbarkeit und Respekt, ja sogar Freude vor. Dieses Experiment kann Ihnen helfen, neue positive Wahrheiten über sich selbst, Ihren Partner und die Beziehung zwischen Ihnen beiden zu entdecken.

Goethe schrieb: »Wenn wir, sagtest du, die Menschen nur nehmen, wie sie sind, so machen wir sie schlechter. Wenn wir sie behandeln, als wären sie, was sie sein sollten, so bringen wir sie dahin, wohin sie zu bringen sind.« Ich bin nicht der Ansicht, dass wir unseren Partner zu dem machen können, was er »sein sollte«, womit wahrscheinlich gemeint ist, wie wir ihn haben möchten. Ich weiß aber, dass die Person, die mein Partner mit mir zusammen ist, damit zu tun hat, wer ich mit ihm bin.

Regel Nr. 9

Achten Sie auf die kleinen Dinge

Das Gute liegt oft im Kleinen.

Wenn Sie sich bereit erklären, etwas zu tun – und sei es auch nur die kleinste Kleinigkeit –, dann tun Sie es. Wenn Sie ihr gesagt haben, dass Sie am Sonntag den Kühlschrank sauber machen werden, tun Sie es am Sonntag. Ist dann schließlich Sonntag und Sie sind zu beschäftigt, dann erklären Sie ihr aus eigenem Antrieb: »Es tut mir wirklich leid, aber ich schaffe es heute nicht. Ich mache es morgen.«

Viele Männer erzählen mir, sie würden nicht verstehen, warum ihre Frau sich so ärgert, wenn sie »nicht daran denken«, den Deckel wieder auf die Zahnpastatube zu schrauben. »Ich tue tausend Dinge für sie«, sagte mir einer von ihnen. »Ja, ich übernehme sogar mehr als die Hälfte. Warum macht sie eine so große Sache daraus?«

Hier ist die Antwort: Es ist eine große Sache.

Wenn Ihre Partnerin eine faire Bitte äußert, muss sie wissen, dass sie bei Ihnen Gehör findet. Es spielt keine Rolle, wie trivial die Sache ist. Halten Sie Ihre Bitte für ungerecht, sollten Sie in Ihrer Beziehung die Frage »Wer tut was?« neu verhandeln. (»Ich weiß, dass ich mich einverstanden erklärt habe, mittwochabends den Müll rauszubringen, doch das ist mein längster Arbeitstag, und ich fände es gut, wenn du das übernehmen würdest.«)

Gehen Sie nie davon aus, dass Ihr Gesamtbeitrag zu einer Beziehung oder einem Haushalt Ihr Versagen, das zu tun, was Sie zu tun versprochen haben, wettmacht. Entschuldigen Sie sich, wenn Sie einen Fehler begangen haben. Machen Sie es beim nächsten Mal besser. Missbrauchen Sie nicht Ihr Aufmerksamkeitsdefizitsyndrom (oder irgendeine andere Diagnose) als Entschuldigung für unverantwortliches Verhalten.

> **Wenn Sie sich bereit erklären, etwas zu tun – und sei es auch nur die kleinste Kleinigkeit –, dann tun Sie es.**

Wenn Sie sagen, dass Sie den Deckel auf die Zahnpastatube schrauben werden und es dann nicht tun, geht es nicht mehr um eine kleine Sache (Zahnpasta), sondern um eine große (Verlässlichkeit und Respekt). Natürlich werden Sie es hin und wieder versäumen. Was zählt, ist jedoch, was Sie meistens (nicht immer) tun.

Regel Nr. 10

Verändern Sie sich als Erster

Wenn Sie das Gefühl haben, lieblos behandelt zu werden, ist es nur natürlich, dass Sie es Ihrem Partner mit gleicher Münze heimzahlen wollen. (»Warum sollte ich ihm sagen, wie sehr ich ihn schätze, wenn er mich nicht schätzt?«)

Warum sollten ausgerechnet *Sie* sich ändern? Es ist doch wohl nicht fair, wenn nur einer der Partner in Ihrer Beziehung die gesamte emotionale Arbeit übernimmt – oder auf jeden Fall mehr als die Hälfte.

Hier lesen Sie, warum:

1. *Sie sind der einzige Mensch, den Sie ändern können.*
2. *Sie werden sich sicherer fühlen (ob sich Ihre Beziehung verbessert oder nicht), wenn Sie sich an Ihren eigenen Grundwerten orientieren, wie Sie sich in Ihrer Beziehung verhalten wollen. (»Ich möchte jemand sein, der seine automatischen kritischen Reaktionen durch positivere ausgleicht.«) Sie werden sich weniger sicher fühlen, wenn Ihr Verhalten nur eine Reaktion darauf ist, wie Ihr Partner Sie behandelt.*

> Sie sind der einzige Mensch, den Sie ändern können.

3. *Wenn Sie Ihre Rolle in einem festgefahrenen Muster nicht verändern, wird gar keine Veränderung stattfinden. Wandel erfolgt von unten nach oben – das heißt, er geht aus von demjenigen, der am meisten leidet, die wenigste Macht hat oder zu viel in der Beziehung*

verloren oder aufgegeben hat. Der unzufriedene Partner ist normalerweise dazu motiviert, sich zu verändern. Wenn Sie nicht in Ihrem eigenen Interesse etwas unternehmen, wird niemand sonst es für Sie tun.

Denken Sie daran: Wenn Sie wollen, dass Ihre Beziehung scheitert, dann warten Sie einfach darauf, dass der andere sich als Erster ändert.

2

Mäßigen Sie Ihre Kritik

Auf einer Grußkarte wird die Frage gestellt: »Wenn ein Mann sich allein in einem Wald befindet, ohne eine Frau, die ihn kritisiert, ist er dann immer noch ein Idiot?« Männer finden die Karte normalerweise lustiger als Frauen. »Das ist genau meine Erfahrung!«, ist eine typische männliche Reaktion. »Ich kann nichts richtig machen. Ich habe es satt, die Zielscheibe ihrer Klagen und Nörgeleien zu sein.«

Es überrascht nicht, dass Frauen eine andere Reaktion zeigen: »Wenn diesen armen Typen Kritik so stark zu schaffen macht, warum nehmen sie sie dann nicht an?«

Recht häufig erreichen Paare den Punkt, an dem jeder von ihnen den anderen als das Problem ansieht und glaubt, die einzige »Lösung« wäre die, dass der Partner sich ändert. *Er* denkt, dass sie damit aufhören muss, ihn zu kritisieren, und damit anfangen sollte, all die Dinge zu schätzen, die er für die Familie tut. *Sie* denkt, dass er den Bedürfnissen der Kinder und dem, was im Haus anliegt, mehr Aufmerksamkeit schenken muss, ohne dass sie ihn ständig daran erinnert. Dieses Muster folgt normalerweise – aber nicht immer – den typischen Geschlechterrollen (kühler Mann, nörgelnde Frau). Und auch gleichgeschlechtliche Paare sind nicht immun gegen diesen Beziehungsreigen.

Beide Sichtweisen sind leicht nachvollziehbar. Es fühlt sich schrecklich an, Kritik einstecken zu müssen, und genauso schrecklich, in der Rolle des »nörgelnden« Partners zu stecken, dessen berechtigte Bitten ignoriert werden. Wenn wir wütend sind, ist es schwierig, positive Schritte zu unternehmen, um unsere Rolle in diesem Muster zu verändern, weil unser Partner eindeutig derjenige zu sein scheint, der sich ändern muss.

Sie können von Glück sagen, wenn Sie einen Partner haben, der so in sich ruht und so mit sich eins ist, dass er Ihre negative Haltung und Ihre Kritik in den meisten Fällen an sich abgleiten lassen und über Ihre guten Argumente nachdenken kann, ohne sich von Ihnen zu distanzieren oder einfach innerlich dichtzumachen. Doch sobald Paare die Flitterwochen- oder »Klettverschluss«-Phase hinter sich gelassen haben, wird diese zenartige Langmut zur Seltenheit. Die wenigsten Menschen können Kritik oder Anweisungen ihres Partners ertragen, selbst wenn sie diese in der Anfangszeit der Beziehung, als sie sich geliebt und auserwählt fühlten, wirklich zu schätzen wussten.

Wenn es Ihnen nicht gelingt, zu Ihrem Partner durchzudringen, hilft es nicht weiter, es immer wieder auf die gleiche Weise zu versuchen. Die Gewohnheit, den anderen zu kritisieren, ist für jede Beziehung gefährlich. Wenn Sie aus diesem Buch nur eine Sache lernen, sollte es diese sein: Niemand kann eine Beziehung aushalten (zumindest nicht glücklich), wenn er sich mehr kritisiert als bewundert fühlt.

Regel Nr. 11

Lernen Sie die »Ich«-Sprache

Die Kolumnistin Ellen Goodman zitierte einmal eine Freundin, die ihren Töchtern folgenden grandiosen Rat gab:

> *»Sagt eure Meinung, sagt eure Meinung, sagt eure Meinung! Die einzige Person, die ihr damit abschrecken werdet, ist euer zukünftiger Exmann!«*

Was für ein Fortschritt gegenüber dem präfeministischen Rat, mit dem ich aufwuchs: »Lausche seinen Äußerungen mit großen Augen und füge hin und wieder anmutig deine Anmerkungen hinzu.«

Es gibt jedoch unterschiedliche Arten, seine Meinung zu äußern. Eine der Herausforderungen in einer Paarbeziehung besteht darin, authentische »Ich«-Aussagen zu machen, mit denen Sie Ihre Überzeugungen und Gefühle zum Ausdruck bringen, ohne Ihren Partner zu beurteilen oder anzugreifen. Dies mag ein Leichtes sein, wenn Ihr Partner durch heftiges Nicken seine Zustimmung zeigt (»Ich fand dich brillant heute Abend«) oder wenn es um ein neutrales Thema geht (»Ich weiß, dass du Vanille magst, aber ich ziehe Schokolade vor«). Haben Sie es jedoch mit einem abwehrenden Partner oder einem hochsensiblen Thema zu tun, dann ist nichts leicht.

> Eine echte »Ich«-Aussage handelt nur von Ihnen – nicht von Ihrem Partner.

»Ich«-Aussagen können hingegen eine schwierige Unterhaltung davor bewahren, in einen heftigen Streit auszuarten.

Eine »Ich«-Aussage beginnt mit »Ich denke …«, »Ich fühle …«, »Ich fürchte…«, »Ich möchte …« Üben Sie diese Art von Aussagen. Und vergessen Sie nicht, dass eine wahre »Ich«-Aussage ...

- in einem leichten Ton vorgebracht wird.
- wertfrei ist und nicht tadelt.
- nicht beinhaltet, dass der andere für Ihre Gefühle oder Reaktionen verantwortlich ist.
- nur von Ihnen handelt, nicht von Ihrem Partner.

Jede »Du«-Aussage (»Du kontrollierst mich immer!«) kann in eine »Ich«-Aussage abgeändert werden (»Ich muss in diesem Punkt meine eigene Entscheidung treffen«). Denken Sie jedoch daran, dass die Veränderung der grammatikalischen Struktur Ihrer Sätze nur einen Teil der Herausforderung darstellt. Sie sollten auch darauf achten, dass Ihre Stimme nicht ärgerlich klingt. Ein heftiger, gereizter Ton wird selbst die sorgfältigst konstruierte »Ich«-Aussage zunichtemachen und bei Ihrem Partner als Vorwurf ankommen. Warten Sie also, bis Sie Ihre »Ich«-Aussage ruhig vortragen können. Üben Sie auch das!

Regel Nr. 12

Hüten Sie sich vor einer Pseudo-»Ich«-Sprache

Wir denken vielleicht, dass wir die »Ich«-Sprache verwenden, wenn wir einem Satz ein »Ich denke« oder »Ich fühle« voranstellen. So einfach ist die Sache jedoch nicht, denn die wahre »Ich«-Sprache muss alle vier in Regel Nr. 11 aufgeführten Kriterien erfüllen.

Manchmal ist es leicht, eine *Pseudo*-»Ich«-Aussage zu entdecken (»Ich glaube, du hast eine narzisstische Persönlichkeitsstörung«), die den anderen beurteilt oder diagnostiziert. In vielen Fällen kann der Unterschied zwischen einer wahren »Ich«-Aussage und einer *Pseudo*-»Ich«-Aussage aber sehr subtil sein, wie die folgenden zwei Beispiele illustrieren.

Eine wahre »Ich«-Aussage

Lesen Sie folgende Geschichte meiner Kollegin Alice über ihren produktiven Wechsel in die »Ich«-Sprache:

> *Vor Kurzem fuhren mein Mann Ken und ich von einer Party nach Hause. Unsere Kinder schliefen auf der Rückbank. Es regnete ziemlich stark, und ich fand, dass Ken angesichts des Wetters zu schnell fuhr.*
>
> *»Du fährst zu schnell«, sagte ich.*
>
> *»Ich fahre schon langsamer, als erlaubt ist«, erwiderte er.*

»Du fährst für dieses Wetter wirklich leichtsinnig – und das mit deinen Kindern auf dem Rücksitz«, rief ich aus.

Das machte Ken wirklich wütend. »Du beschuldigst mich, unsere Kinder in Gefahr zu bringen? Ich hatte noch nie einen Unfall, und ich fahre langsamer, als erlaubt ist.«

Ich versuchte es auf eine ruhigere Art: »Was ich wirklich meine, ist, dass ich mich bei diesem Tempo unwohl fühle, ob zu Recht oder nicht. Würdest du bitte langsamer fahren, selbst wenn ich überreagiere?«

»Natürlich«, sagte Ken und verlangsamte ohne weitere Diskussion das Tempo.

Indem Alice von ihren Anschuldigungen zu einer »Ich«-Aussage überwechselte, konnte ihr Mann langsamer fahren, ohne dass er das Gefühl haben musste, damit einzugestehen, ein rücksichtsloser Vater und Fahrer zu sein. Alice wäre die Erste, die bestätigen würde, dass keines von beidem zutrifft.

Eine Pseudo-»Ich«-Aussage

Folgende Geschichte, die ein Freund über seine Frau Jill erzählte, illustriert eine »Ich«-Aussage, die in Wirklichkeit eine als »Ich«-Aussage verkleidete »Du«-Aussage war.

Mein häusliches Arbeitszimmer war neulich in einem chaotischen Zustand, und Jill, mit der ich das Zimmer teile, ist viel ordentlicher als ich. Nachdem sie einen Blick auf die Papierstapel überall auf meinem Schreib-

tisch und auf dem Fußboden geworfen hatte, sagte sie: »Wenn ich dieses Zimmer betrete, habe ich das Gefühl, dass unser Haushalt völlig im Chaos versinkt.«

Völlig im Chaos versinkt! Unser Haushalt? Ich bin seit vierzehn Jahren ihr fleißiger, treuer Ehemann, und nur weil meine Hälfte des Büros unordentlich ist, hat sie das Gefühl, dass alles um sie herum im Chaos versinkt? Doch als ich sagte: »Das ist eine ziemlich extreme Aussage«, hat sie einfach geantwortet: »Na ja, so fühlt es sich eben an.«

Was soll ich denn dazu nur sagen?

Sie werden Ihrem Partner kaum die Möglichkeit geben, über sein Verhalten nachzudenken, und schon gar nicht, sich dafür zu entschuldigen, wenn er das Gefühl hat, dass er den Kopf hinhält und nicht nur die Verantwortung für sein Verhalten, sondern auch noch für Ihre Unzufriedenheit übernimmt. Eine »Ich«-Aussage sollte dazu dienen, Ihren Standpunkt zu klären, und nicht als Trojanisches Pferd dafür, Urteile und Anschuldigungen mit einzuschmuggeln.

Regel Nr. 13

Bleiben Sie mit Ihrer Kritik oberhalb der Gürtellinie

Wenn wir wütend sind, weil wir nicht gehört werden, greifen wir möglicherweise automatisch zu allen möglichen Taktiken, die unter die Gürtellinie gehen. Wir springen von den Fakten (»Du hast gesagt, du würdest die Küche aufräumen, und es ist wichtig für mich, dass du das tust«) zu einer verdammenden Verallgemeinerung (»Wenn du sagst, dass du etwas tust, kann ich mich nie darauf verlassen, dass du es auch wahr machst«). Vielleicht stempeln wir den anderen ab (»Ich kann nicht glauben, wie unsensibel du bist«), schicken eine Diagnose hinterher (»Du hast eine narzisstische Persönlichkeit«) und führen noch ein oder zwei andere Personen an, um unserem Argument Nachdruck zu verleihen (»Mein Therapeut glaubt, dass du passiv-aggressiv bist, und meine Schwester findet das auch«). Wenn wir schon einmal dabei sind, lassen wir vielleicht auch gleich noch eine Interpretation einfließen (»Du denkst vielleicht, ich bin deine Mutter, aber ich bin nicht da, um dich zu bedienen, so wie sie es getan hat«) und erinnern ihn daran, dass er eine Therapie braucht. Und all das tischen wir in einem herablassenden, spöttischen, predigenden oder vorwurfsvollen Ton auf.

Kein Wunder, dass unser Partner unsere Meinungsäußerung nicht so recht zu schätzen weiß.

Im Gegensatz dazu bittet konstruktive Kritik um eine spezifische Verhaltensänderung, die die Fähigkeit des Partners zu Veränderung anerkennt. Sie konzentriert sich auf Handlungen, nicht auf Urteile über den Charakter. Die Kritik in leichtem Ton vorzubringen ist besonders wichtig, wenn Ihr Partner schlecht auf Wut oder Eindringlichkeit in Ihrer Stimme reagiert. Wir können sehr schwierige Dinge sagen, wenn wir ruhig und ohne Ärger in der Stimme die Fakten präsentieren. Humor hilft enorm: So drohte zum Beispiel meine Schwiegertochter meinem Sohn an, Miete von ihm zu verlangen, wenn er weiterhin seine Kleidungsstücke auf ihren Schreibtisch legte.

Eine konstruktive Beschwerde sieht folgendermaßen aus: Sie bitten Ihren Partner ruhig, seine Sachen nicht überall im Haus herumliegen zu lassen, nicht weil er ein großer Chaot ist (auch wenn dies der Fall sein mag), sondern weil Ordnung Ihnen wichtig ist. Das Problem ist Ihres (»Ich fühle mich einfach nicht wohl, wenn du deine Aktentasche und deinen Mantel auf dem Sofa im Wohnzimmer liegen lässt«), und Sie sind sich bewusst, dass es Menschen auf dieser Welt gibt, die nur zu gern mit jemandem zusammenleben würden, der nicht ständig aufräumt. Sie erwähnen die Vorwürfe, die Sie Ihrem Partner gemacht haben, als Sie frustriert waren, und entschuldigen sich dafür.

> Konstruktive Kritik konzentriert sich auf Handlungen, nicht auf Urteile über den Charakter.

In einer Situation, in der Sie beide entspannt sind, laden Sie ihn zu einem Gespräch ein (»Können wir eine Regel dazu aufstellen, wo Aktentaschen und Mäntel aufbewahrt werden?«) und überlegen, wie sich angesichts Ihrer unterschiedlichen Vorstellungen ein Kompromiss erzielen lässt. Sie wissen, dass sich Veränderungen nur langsam vollziehen, und loben Ihren Partner für seine Schritte in die richtige Richtung. Schließlich konnten Sie sich auch nicht über Nacht in einen Menschen verwandeln, der sich mit Unordnung wohlfühlt. Vielleicht beschließen Sie sogar, dass es einfacher wäre, zweimal pro Tag durchs Haus zu sausen und all seine Sachen auf seinen großen Sessel zu laden, bis er, wenn überhaupt, beschließt, wo er damit hinsoll.

Nachdem er Tausende verheirateter Paare studiert hatte, gelangte der Beziehungsexperte John Gottman zu dem Schluss, dass Kritik (der nicht konstruktiven Art) einer der »vier apokalyptischen Reiter« ist, die in das Herz einer Ehe preschen und es zerstören können. Jedem, der dies vorhat, rät Gottman, auch noch die Stichelei »Was ist los mit dir?« hinterherzuschieben.

Regel Nr. 14

Bemühen Sie sich um Genauigkeit

Wenn Sie eine bestimmte Beschwerde haben, sollten Sie sich um Genauigkeit bemühen. Wird jemand überzogen kritisiert, hört er vielleicht nur die Übertreibungen und Ungenauigkeiten und kann sich deswegen nicht mit dem berechtigten Argument auseinandersetzen.

Schießen Sie nicht übers Ziel hinaus. Vermeiden Sie Verallgemeinerungen wie »immer« und »nie«. Wenn Ihr Partner im letzten Monat sechsmal spät von der Arbeit nach Hause gekommen ist, übertreiben Sie die Zahl nicht. Menschen, die Kritik einstecken müssen, verschließen sich sofort, wenn sie einen Fehler entdecken oder glauben, dass sie für mehr als ihren gerechten Anteil des Problems verantwortlich gemacht werden. Ich erinnere mich an unzählige Auseinandersetzungen mit meinem Mann, bei denen ich mich rundweg weigerte, mich zu entschuldigen, weil er mir für 75 Prozent des Problems die Schuld gab und ich davon überzeugt war, dass ich vielleicht nur für, na ja, sagen wir, 52 Prozent verantwortlich war.

Regel Nr. 15

Reden Sie weniger

Wenn Sie zu viel reden, führt dies nur dazu, dass Ihr Partner Ihnen nicht mehr richtig zuhört (und umgekehrt). Wir Menschen nehmen nur sehr wenige Informationen auf, wenn wir nicht hören wollen, was jemand sagt. Setzen Sie Ihren Monolog zu lange fort, schützen Sie Ihren Partner genau genommen, denn es ermöglicht ihm, dichtzumachen und sich emotional zurückzuziehen. Er wird einfach nicht mehr aufnehmen, was Sie sagen, und sich mit Ihrem vielleicht berechtigten Argument nicht auseinandersetzen können.

Denken Sie daran: Weniger ist mehr. Wenn wir das Gefühl haben, kein Gehör zu finden, ziehen wir oft unsere Argumentation in die Länge oder heben die Stimme. Das hilft nicht – und verletzt normalerweise. Und vielleicht merken wir gar nicht, dass die bloße Anzahl der Sätze der Übeltäter sein mag.

> Ihr Argument in drei Sätzen oder weniger vorzutragen, gibt Ihrem Partner den Freiraum, darüber nachzudenken.

Üben Sie, schwierige Dinge in drei Sätzen zu sagen und Ihr Argument in einer bestimmten Unterhaltung nur einmal vorzubringen. Sprechen Sie langsamer und leiser. Versuchen Sie dies zehn Tage lang. Ich selbst empfinde dies zugegebenermaßen als besonders schwierige Herausforderung, vor allem die Drei-Sätze-Regel. Ich neige nämlich automatisch dazu, meine Argumente ausführlich zu erläutern, wenn mein Mann nicht sofort die »Wahrheit« begreift, so wie ich sie sehe.

Denken Sie nicht so sehr darüber nach, »zu Ergebnissen zu

kommen« (»Er hört immer noch nicht zu!«). Konzentrieren Sie sich stattdessen auf das Experiment, Ihr eigenes Verhalten zu verändern. Es kann unglaublich schwer sein, *nur* zu sagen: »Ich möchte, dass du ›danke‹ sagst, wenn ich dir das Abendessen koche« oder »Du hast die zweite Woche hintereinander vergessen, den Müll rauszubringen« oder »Es gefällt mir nicht, wie viel du bei der Party getrunken hast«, und es dabei zu belassen.

Ihr Argument in drei Sätzen oder weniger vorzutragen, gibt Ihrem Partner den Freiraum, darüber nachzudenken. Bei vielen Themen sind selbstverständlich längere Unterhaltungen nötig. Aber diese werden besser verlaufen, wenn Sie sich täglich in Kürze üben.

Regel Nr. 16

Schmieden Sie das Eisen, solange es kalt ist

Manchmal werden Sie mit einem richtigen Wutanfall die Aufmerksamkeit Ihres Partners gewinnen, vor allem wenn solche Ausbrüche die Ausnahme und nicht die Regel sind und eine rasche Aussöhnung möglich ist. Doch oft ist der ungünstigste Zeitpunkt, etwas zur Sprache zu bringen, der, wenn Sie wütend oder erbittert sind.

Sparen Sie sich Ihre Kritik auf, bis Sie sich beide beruhigt und Sie Ihrem Partner gegenüber ein gutes Gefühl haben. Sparen Sie sie aber nicht für einen besonderen Anlass wie seinen Geburtstag oder den Abend auf, an dem Sie endlich einen Babysitter haben und zum ersten Mal seit einem Monat zum Essen in ein Restaurant gehen! Wählen Sie einfach eine Zeit, wenn das emotionale Klima zwischen Ihnen entspannt ist und Sie seine Aufmerksamkeit haben.

Es ist nur allzu menschlich, dass Sie mit Ihrer Kritik nicht immer auf besseres Wetter warten werden. Wenn Ihr Partner eine Stunde zu spät zum Abendessen kommt, weil er in einen Elektronikladen gegangen ist, um etwas für seinen iPod zu kaufen, werden Sie ihm natürlich unumwunden sagen, dass das Abendessen kalt ist, die Kinder Sie verrückt machen und dass er direkt von der Arbeit nach Hause kommen oder Sie anrufen soll, wenn dies nicht möglich ist.

Versuchen Sie, sich in der Hitze des Augenblicks an die Drei-Sätze-Regel zu halten und es dabei zu belassen. Ihrem Ärger und Ihrer Kritik einfach freien Lauf zu lassen, wird ein Verhaltensmuster wie chronisches Zuspätkommen nicht ändern. Fragen Sie ihn zu einem anderen Zeitpunkt, wenn Ihre Gefühle ihm gegenüber positiv sind, ob Sie sich irgendwann zwanzig Minuten zusammensetzen können, um eine Lösung für das anliegende Problem zu finden. Um eine kurze Unterhaltung zu bitten, funktioniert besser als das gefürchtete »Wir müssen reden!«, das normalerweise das Unbehagen Ihres Partners steigert und Ihre eigene Selbstgerechtigkeit schürt. Eine kluge »Auszeit« kann viele Auflösungserscheinungen in der Beziehung verhindern.

Regel Nr. 17

Bleiben Sie auf das Wesentliche konzentriert

Wenn Sie sich zusammensetzen, um über etwas zu sprechen, was Sie geärgert hat, sollten Sie es bei einem Kritikpunkt pro Diskussion belassen (»Du hast den Fernseher gekauft, bevor wir über die Größe und Farbe sprechen konnten. Wir hatten vereinbart, dass wir keine größeren Anschaffungen machen, ohne sich mit dem anderen zu beraten«). Warten Sie nicht mit vergangenen Verstößen auf, selbst wenn sie wichtig sind (»Letztes Jahr hast du diesen Truck gekauft, ohne auch nur einen Gedanken darauf zu verwenden, ob wir ihn uns leisten können, und darüber bin ich immer noch sauer«). Vermeiden Sie Nebenschauplätze (»Du hast gesagt, dass du an deiner Neigung, zu viel auszugeben, arbeiten würdest, und jetzt hast du zwei Schecks platzen lassen!«).

Auf das Wesentliche konzentriert zu bleiben heißt auch, sich nicht durch die Gegenangriffe des Partners ablenken zu lassen. Wenn er mit einem Punkt aus Ihrem Strafregister ankommt (»Wie kannst du dich über den Fernseher beschweren, wo du doch gerade deinem Bruder 500 Euro geliehen hast?«), sollten Sie ihn wissen lassen, dass Sie gern bereit sind, ein anderes Mal über sein Anliegen zu sprechen, jetzt aber beim Thema der gemeinsamen Entscheidungen bei größeren Anschaffungen bleiben möchten. Nimmt die Unterhaltung einen unguten Verlauf, vereinbaren Sie ein weiteres Gespräch über das Thema zu einem anderen Zeitpunkt.

»Auf das Wesentliche konzentriert zu bleiben« mag so klingen, als handle es sich dabei um eine der leichteren Regeln. Weit gefehlt! Ob in der Liebe oder am Arbeitsplatz, es erfordert ein beträchtliches Maß an Motivation, Selbstbeobachtung und Übung, bei einer Unterhaltung mit Blick auf eine kreative Problemlösung auf nur einen Punkt konzentriert zu bleiben.

Regel Nr. 18

Überraschen Sie Ihren Partner mit Lob

Schalten Sie Ihren Autopiloten aus, und überraschen Sie Ihren Partner genau in dem Moment, in dem er die übliche Kritik erwartet, mit einem Lob.

Ellen war nicht gern mit Bobs Familie zusammen, weil ihr Mann sich immer in die gleiche politische Debatte mit seinem Vater hineinziehen ließ. Bobs Beteiligung an diesen Rededuellen führte nur dazu, die Besuche noch spannungsgeladener und unangenehmer zu machen. Ellen hatte ihrem Mann unzählige Male kluge Ratschläge gegeben, wie er die Situation entschärfen könne, wenn sein Vater ihn provozierte.

Bob ignorierte diese Ratschläge beharrlich. Vielleicht konnte er mit ihnen aber auch nichts anfangen. Immer wieder ließ er sich auf die Diskussionen mit seinem Vater ein. Auf der Nachhausefahrt überschüttete Ellen ihn dann jedes Mal mit Ratschlägen und Kritik. Sie erkannte, dass Bob seine Rolle in dem ewig gleichen Reigen mit seinem Vater nicht änderte, nahm jedoch nicht wahr, dass sie dasselbe Verhalten gegenüber ihrem Mann zeigte.

Auf meinen Vorschlag hin beschloss Ellen, Bob damit zu überraschen, Kritik durch Lob zu ersetzen. Nach dem nächsten Besuch begannen sie ihre Heimfahrt zunächst schweigend. Nachdem Ellen dann darüber gewitzelt hatte, dass Bobs Vater ein schwerer Brocken sei, sagte sie nachdenklich: »Weißt du, ich bewundere dich sehr, dass du deine Familie nicht im Stich lässt. Egal, wie schwierig es wird, du besuchst sie auch weiterhin.«

»Warum bist du so nett?«, fuhr Bob sie an. Ellen ignorierte seinen Ton und sagte freundlich: »Mir ist klargeworden, dass ich eine bessere Beziehung zu meinen Eltern herstellen sollte, statt mich als Experte für deine Familie aufzuspielen. Und diese Einsicht hat mir bewusst gemacht, wie sehr ich dein Bemühen um deinen Vater und deine Mutter bewundere. Das ist es auch, was ich später unseren Kindern vermitteln möchte, wenn wir welche haben – dass man sich, selbst wenn Familienmitglieder wirklich schwierig sind, bei ihnen blicken lässt.«

Führen Sie dieses Experiment in Ihrer eigenen Beziehung durch. Wenn Ihr Partner Kritik erwartet, versetzen Sie ihn stattdessen mit aufrichtigem Lob in Erstaunen. Das vorhersehbare Muster der Kritik zu vermeiden, lässt ihm mehr Freiraum, die von Ihnen bereits gemachten Vorschläge wirklich zu überdenken. Ein glaubwürdiges Lob erhöht die Wahrscheinlichkeit, dass Sie und Ihr Partner das Thema in Zukunft auf neue Weise diskutieren können.

Regel Nr. 19

Nur eine Kritik am Tag

Eine Kritik am Tag? Wem will ich etwas weismachen? Ich hatte heute allein im Zusammenhang mit einem von Steves Lebensmitteleinkäufen sieben Kritikpunkte. Natürlich glaubte ich, dass jeder Kommentar für seine Einkaufserziehung äußerst wichtig sei. Glücklicherweise hatte er gute Laune, sodass er dem größten Teil von dem, was ich sagte, einfach zustimmte und den Rest an sich abprallen ließ.

Steve ist normalerweise gelassen, doch in Situationen, in denen dies nicht der Fall ist, könnte unsere Beziehung eindeutig von der »Eine Kritik am Tag«-Regel profitieren. Diese Regel ist besonders wichtig für all jene von uns, die die Angewohnheit haben, ihren Partner zu kritisieren oder zu belehren, wenn sie unter Stress stehen – was sehr häufig der Fall sein kann, selbst wenn uns dies nicht bewusst ist. Wenn wir uns darin üben, uns auf einen Kritikpunkt pro Tag zu beschränken, werden wir genauer darüber nachdenken, was in unserer Beziehung wirklich zählt, und den Rest vergessen.

Meine beste »Vergiss den Rest«-Lektion erhielt ich während eines Urlaubs, den Steve und ich vor einigen Jahren in Mexiko verbrachten. Wir hatten abgesprochen, während dieser Reise kein Wort Englisch zu sprechen, weder miteinander noch mit irgendjemand anderem. Da ich nur über einen sehr kleinen Spanisch-Wortschatz verfügte, musste ich lernen, mich mit Schweigen zu begnügen, denn schon für eine einfache Bemerkung gegenüber Steve hätte ich ein Wörterbuch zurate ziehen müssen. Mir fehlten eindeutig die grammatikalischen Kenntnisse für eine so elegante Beschwerde wie: »Wenn du nur rücksichtsvoll genug gewesen wärst, mir Bescheid zu geben, wie viel später du kommen würdest, hätte ich es vorgezogen, dich bei der Kathedrale zu treffen.«

Realistischerweise kann ich nicht vorschlagen, dass Sie und Ihr Partner eine Weile lang auf Ihre Muttersprache verzichten, damit Sie herausfinden, wie viele Ihrer Kritikpunkte – ganz zu schweigen von Ihren guten Ratschlägen – überflüssig sind. Glauben Sie mir einfach: Eine Kritik am Tag reicht. Herauszufinden, welche am wichtigsten ist, ist eine gute Übung.

Regel Nr. 20

Halten Sie sich mit Ratschlägen zurück

Mäkelig? *Ich?!*

Oft halten wir uns selbst nicht für mäkelig, weil wir doch nur versuchen, hilfsbereit zu sein, und erklären, wie etwas richtig gemacht wird. Wir wissen, dass wir recht haben, und vielleicht ist dies sogar der Fall, ob es sich um eine kleine Sache handelt (wie man die Handtücher faltet) oder um eine große (wie man das Haushaltsbudget für das nächste Jahr ausgleicht).

Warum also sollten wir keine Ratschläge erteilen, vor allem wenn wir recht haben? Die Sache ist in Ordnung, wenn der andere um Rat bittet. Sie ist in Ordnung, wenn in einer Beziehung ein Gleichgewicht zwischen dem Erteilen und dem Erhalten von Ratschlägen besteht. Viele Paare geben einander ständig unaufgefordert Ratschläge, ohne dass dies zu einem Problem wird, weil sie die Möglichkeit schätzen, voneinander zu lernen.

Problematisch ist das Erteilen von Ratschlägen jedoch, wenn es das Gleichgewicht in einer Beziehung zerstört oder einer der Partner die Ratschläge lieber gibt, als sie anzunehmen. Die Sache artet in Kritik aus, wenn wir zu viele kleine Korrekturen vornehmen oder unseren Rat in einem Ton vorbringen, der besagen soll: »Ich allein weiß, was am besten ist.« Und wenn der Partner unseren Rat nicht befolgt, ist dies ein guter Hinweis darauf, dass wir ihn nicht erteilen sollten.

Wenn Sie ein erstgeborenes Kind mit einem jüngeren Geschwisterkind sind, ist Ihr Wunsch, dass Ihr Partner alles auf die richtige, das heißt auf Ihre Art tut, häufig besonders ausgeprägt. Schätzt Ihr Partner Ihre Ratschläge, ist dies kein Problem. Tut er dies nicht, ist es seine Aufgabe, sich Gehör zu verschaffen und Ihnen zu sagen, dass Sie sich zurückhalten sollen.

Das Problem könnte sein, dass er vielleicht nicht zu den Menschen gehört, die sich deutlich mitteilen. Möglicherweise ist ihm nicht einmal bewusst, wie viel leichter die Beziehung sich anfühlen würde, wenn Sie nicht alles steuerten. Es überrascht ihn vielleicht zu entdecken, dass er sich entspannter und kompetenter fühlt, wenn Sie eine oder zwei Wochen nicht zu Hause sind.

Es ist in einer Beziehung nicht wichtig, dass Dinge gemäß demjenigen getan werden, der recht hat. Wichtig ist, dass zwei Menschen sich dafür einsetzen, zum Glück des anderen beizutragen. Das heißt auch, einander den Raum zu geben, Fehler zu machen und durch Ausprobieren Kompetenz zu erlangen, und dem Partner zu helfen – wenn er darum bittet.

Regel Nr. 21

Hüten Sie sich vor widersprüchlichen Botschaften

Statt Ihnen deutlich zu sagen, dass Sie sich zurückhalten sollten, sendet Ihr Partner vielleicht widersprüchliche Botschaften aus. Diese Art, sich mitzuteilen, ist weit verbreitet. Eine widersprüchliche Botschaft ist aber nicht nur schwer zu entziffern, sie hält uns vielleicht auch davon ab, das Feedback unseres Partners einzufordern.

Lesen Sie aufmerksam folgende Unterhaltung, die in meiner Praxis stattfand:

Sie: Findest du, dass ich rechthaberisch bin?

Er: Ja, schon. Du bist eindeutig rechthaberisch. Darüber haben wir doch schon gesprochen.

Sie: War ich gestern Abend rechthaberisch?

Er: Als ich Tomaten für den Salat geschnitten habe und du gefragt hast: »Warum schneidest du sie auf diese Art?« Dann hast du gesagt, die Stücke seien zu klein und es sei besser, sie gleichmäßig groß zu schneiden. Und ich finde, du machst so was zu oft. Ich meine, du tust das häufig.

Sie: Häufig? Was soll das heißen?

Er: Na ja, du machst es auch mit anderen. Weißt du noch, was an Thanksgiving bei meinem Bruder zu Hause passiert ist? Seine Frau wurde wütend und hat gesagt: »Das ist mein Haus. Würdest du mich also bitte die Dinge auf meine Art tun lassen?«

Sie: Aber ich habe nur versucht, mich nützlich zu machen. Ich hatte recht, dass sie nicht genug Kartoffeln gekocht hatte, und der Truthahn war auch nicht rechtzeitig gar.

Er: Ich weiß. Die Frau meines Bruders ist schwierig. Du hast wirklich dafür gesorgt, dass aus dem Truthahn dann doch noch was wurde.

Sie: Und mit den Tomaten gestern Abend. Du hast selbst gesagt, dass sie besser aussehen, wenn man gleich große Stücke schneidet.

Er: Na ja, du bist wohl wirklich die Expertin in der Küche, dann ist es vielleicht gar nicht schlecht, wenn du was sagst.

Wenn Sie eine widersprüchliche Botschaft wie diese erhalten, sollten Sie das »Dann ist es vielleicht gar nicht schlecht« ignorieren. Halten Sie sich zurück, und lassen Sie Ihren Partner die Tomaten (oder was auch immer) auf seine Art schneiden, es sei denn, er ist Ihr Souschef für den Abend und muss dementsprechend Ihren Anweisungen folgen. Natürlich sollten Sie etwas sagen, wenn er zu einem wichtigen Treffen ein fleckiges Hemd anzieht oder drauf und dran ist, das Haus in Brand zu stecken. Doch das meiste von dem, was Sie glauben, korrigieren zu müssen, spielt keine so große Rolle, wie Sie meinen.

3

Überwinden Sie Ihr Zuhördefizitsyndrom

Die Art, wie wir miteinander reden und einander zuhören, ist ausschlaggebend für das Funktionieren unserer Beziehung und dafür, ob wir uns freuen, unseren Partner am Ende des Tages zu sehen, oder nicht. Es ist nicht weiter verwunderlich, dass die meisten von uns stärker motiviert sind, ihre Redefertigkeit zu verbessern, als sich um die andere Hälfte der Kommunikationsgleichung zu kümmern. Wenn es Meinungsverschiedenheiten gibt, ist unser Wunsch, gehört und verstanden zu werden, natürlicherweise größer als unser Wunsch, dem anderen zuzuhören und ihn zu verstehen.

Möglicherweise glauben wir, dass das, was wir sagen und wie wir es sagen, einen größeren Einfluss auf unseren Partner hat als unsere Art, ihm zuzuhören. Tatsächlich ist die Verbesserung dieser Fähigkeit jedoch grundlegend dafür, ihn zu kennen und von ihm verstanden zu werden, Konflikte zu lösen und die Chance zu erhöhen, dass er sich unvoreingenommener anhört, was wir zu sagen haben.

Vielleicht stellen Sie fest, dass Sie einem Freund oder einem Kollegen besser zuhören als Ihrem Partner. Das ist nicht unbedingt ein Problem. Das Schöne an einer Partnerschaft ist ja, dass zwei Menschen damit auskommen können, sich einen Großteil der Zeit nur ihre geteilte Aufmerksamkeit zu widmen, ohne dass gleich ihre Beziehung darunter leidet. Geht es aber um etwas Wichtiges, sind Unaufmerksamkeit und Abwehr fehl am Platz. In einer solchen Situation ist eine andere Qualität der emotionalen Präsenz nötig.

In einem Kurs an der Hochschule hat man mir beigebracht, Zuhören sei ein passiver Prozess. Das trifft jedoch nicht zu. Zuhören ist ein aktiver Prozess, einer, der uns nicht so leichtfällt wie Reden. Ein guter Zuhörer sitzt nicht einfach nur da und gibt ab und zu ein mitfühlendes Grunzen von sich. Wirkliches Zuhören erfordert, dass wir unsere Gedanken zur Ruhe kommen lassen, unser Herz öffnen und Fragen stellen, um besser verstehen zu können, was unser Partner uns mitteilen möchte. Es erfordert auch, dass wir ihn nicht unterbrechen und Dinge sagen, die ihm das Gefühl vermitteln, dass wir ihm nicht zuhören oder ihm über den Mund fahren. Es erfordert, dass wir unsere Abwehr überwinden, wenn unser Partner Dinge sagt, die unser Lieblingsbild von uns selbst infrage stellen, und uns von seinem Tonfall oder seinem Kummer berühren lassen. Wichtig ist auch, unseren Partner wissen zu lassen, wenn wir nicht in der Lage sind, ihm voll und ganz zuzuhören – zu erkennen, wann wir ihm sagen müssen: »Nicht jetzt« oder »Nicht auf diese Weise«.

Mit offenem Herzen zuzuhören, geschieht aus tiefster Seele. Es ist eines der größten Geschenke, das Sie Ihrem Partner und letztlich auch sich selbst machen können. Die Vertrautheit mit Ihrem Partner nimmt in direktem Verhältnis zu Ihrer Fähigkeit, ihm wirklich zuzuhören, zu oder ab. Hier sind die Regeln für wirkliches Zuhören.

Regel Nr. 22

Hören Sie zu, statt Ratschläge zu erteilen

Folgendes Problem höre ich häufig von Paaren: Der eine Partner sagt beispielsweise: »Ich fühle mich X«, und der andere antwortet sofort: »Hast du überlegt, Y oder Z zu tun?«, statt der Unterhaltung Raum zu geben, sich ohne eine Lösung zu entfalten.

Sich auf eine Lösung zu fokussieren, bevor der Partner um Hilfe gebeten hat, spiegelt den wenig hilfreichen Wunsch wider, ihm unter die Arme zu greifen. Ratschläge zu geben, blockiert das Zuhören und kann unseren Partner mit dem Gefühl zurücklassen, in der Beziehung nicht gehört zu werden und isoliert zu sein. Eine Schwierigkeit dabei könnte sein, dass wir, wenn er uns von seinem Problem erzählt, dies mit der Aufforderung verwechseln, das Heft in die Hand zu nehmen. Vielleicht glauben wir auch, das Problem in einer einzigen Unterhaltung lösen zu müssen, statt zu erkennen, dass wir im Lauf der Zeit mehrmals darüber sprechen können.

Wenn Sie das nächste Mal schnell mit einer Lösung aufwarten wollen, sollten Sie sich sagen: »Dies ist Unterhaltung *Nummer eins*. Ich werde erst in Unterhaltung Nummer zwei, zu der ich später den Anstoß geben kann, einen Rat anbieten.« Ihr Rat wird höchstwahrscheinlich hilfreich sein, wenn Sie zunächst zuhören. Zu lernen, ein liebevoller Zuhörer und ein geschickter Fragesteller zu sein, kann zudem viel dazu beitragen, dass Ihr Partner seine eigenen Lösungen herausfindet.

Regel Nr. 23

Bleiben Sie neugierig: Sie wissen nicht, wie Ihr Partner sich fühlt!

Eine typische Art von missverstandenem Mitgefühl ist die, Ihrem Partner zu sagen, dass Sie wissen, wie er sich fühlt. Der Wunsch, »vollkommen nachzuvollziehen«, was der andere durchmacht, erwächst aus guten Absichten, leugnet aber die Tiefe und Vielschichtigkeit seiner Situation und kann die Aufmerksamkeit auf Sie selbst lenken. (»Ich weiß genau, wie du dich fühlst, weil ich mich erinnere, welche Angst ich vor meiner Gallenblasenoperation hatte.«)

Ich beobachte das Problem, dass der Zuhörer die Erfahrung des anderen in den Hintergrund drängt, sehr häufig. Dadurch fühlt sich derjenige, der versucht, seine Geschichte zu erzählen, im Stich gelassen. Wir möchten, dass andere das Spezifische unserer Geschichte würdigen und es nicht einfach mit ihrer eigenen gleichsetzen.

Als unsere Freunde Stephanie und James neulich mit uns zu Abend aßen, erzählte Stephanie uns von ihrer Depression, mit der sie schon länger immer wieder zu kämpfen hatte, doch noch nie so stark wie in der vergangenen Woche. Sie sagte, dass selbst so kleine Tätigkeiten wie frühstücken oder die Stromrechnung bezahlen sich inzwischen so anfühlen würden, als wären sie kaum zu bewältigen. James, ein wunderbarer Ehemann, der mit einem fröhlichen Gemüt gesegnet ist, kommentierte Stephanies Ausführungen immer wieder mit Aussagen wie: »Ich weiß genau, was du meinst. Manchmal will ich morgens einfach nicht aufstehen und zur Arbeit gehen.«

Das war gut gemeint – James wollte Stephanie das Gefühl geben, verstanden zu werden, und ihre Erfahrungen »normal« erscheinen lassen. Doch tatsächlich misslang es James – der nie auch nur annähernd mit etwas wie einer klinischen Depression hatte kämpfen müssen – aufgrund ebendieses Verhaltens, die Erfahrungen aufzunehmen, an denen seine Frau uns so mutig teilhaben ließ.

Irgendwann sagte Erica, eine andere Freundin am Esstisch, zu Stephanie: »Das, was du beschreibst, musste ich nie durchmachen, und es klingt ungemein schwierig. Ich bin wirklich beeindruckt, dass du den Mut hast, so offen darüber zu reden. Können wir irgendetwas tun, um dir zu helfen?« Sowohl James als auch Erica wollten Stephanie das Gefühl von Unterstützung vermitteln. Doch Ericas Aussage würdigte den Unterschied und die spezifische Natur ihrer Erfahrung, während James' Kommentare ihren Kampf mit seiner gelegentlichen Morgenmuffeligkeit gleichsetzten.

Es ehrt James jedoch, dass ihm nicht entging, wie sehr er Stephanies Erfahrung mit seinen Versuchen, diese »nachzuvollziehen«, heruntergespielt hatte. Er erkannte auch, dass er Angst gehabt hatte zu hören, wie schrecklich sie sich fühlte. Im Lauf des Gesprächs erkannte er die Schwere der Depression sowie die Notwendigkeit, Hilfe zu suchen, wenn sie weiter anhielt.

Voller Neugier an den Erfahrungen des Partners Anteil zu nehmen, ohne sie mit der eigenen Geschichte *gleichzusetzen*, ist ein entscheidender und unterschätzter Teil des Zuhörens. Die Unterschiede in den Erfahrungen zu akzeptieren, statt sie zu leugnen, ermöglicht eine viel tiefere Bindung.

Tatsächlich können wir die Erfahrung eines anderen Menschen nie wirklich nachvollziehen. Versuchen Sie zu sagen:

»Ich kann mir nicht vorstellen, was du durchmachst« oder »Das klingt qualvoll« oder »Es tut mir so leid, dass du das durchmachen musst, und ich möchte, dass du weißt, dass ich für dich da bin.«

Regel Nr. 24

Es geht nicht darum, recht zu haben

Wir können nicht richtig zuhören, wenn wir bereits eine vorgefasste Meinung haben und unser eigenes Ziel verfolgen. Statt die Ausführungen unseres Partners zu verstehen, warten wir wahrscheinlich nur darauf, dass er mit dem Reden aufhört, damit wir selbst mit unserer Argumentation loslegen können.

Recht zu haben ist oft irrelevant. Es gibt keine einfache »richtige« Antwort auf Entscheidungen, die wir als Paar treffen, und das Miteinander zu fördern ist wichtiger, als einen bestimmten Standpunkt zu verteidigen.

Robert und seine Frau stritten sich wiederholt erbittert darüber, ob sie (ihren Wünschen entsprechend) in dem großen Haus bleiben oder sich verkleinern sollten (worauf er bestand). Beide kannten dieses »Jetzt geht das schon wieder los«-Gefühl, wann immer das Thema zur Sprache kam, doch nichts änderte sich, bis Robert die Initiative ergriff, seine Rolle in diesem Muster zu verändern.

Während einer Paartherapiesitzung in meiner Praxis hörte Robert plötzlich damit auf, sich mit seiner Frau Laura zu streiten und stellte stattdessen Fragen, um ihren Standpunkt besser verstehen zu können. Er beschränkte sich bewusst auf das Zuhören und machte sich frei von der Frage, wer recht hatte oder was wahr war und wie er am besten argumentieren sollte. Warum er das tat? Vielleicht wurde er hierzu von einem neu in Angriff genommenen kreativen Projekt inspiriert, das sein Selbstwertgefühl stärkte und es ihm erlaubte, emotional großzügiger zu sein.

Robert neigte normalerweise automatisch dazu, sich ins Korrigieren von Fakten zu verbeißen – zum Beispiel wenn Laura falsche Angaben über die Hypothekenzahlungen machte. Jetzt widerstand er der Versuchung, sich durch Einzelheiten ablenken zu lassen, und bemühte sich stattdessen, den Fokus auf den starken Wunsch seiner Frau zu richten, in ihrem Haus zu bleiben. Als sie ihn heftig angriff (»Dir ist das Haus egal, weil du immer im Büro bist«), ging er zunächst in die Defensive (»Ich bin nicht IMMER im Büro – und wenn ich *nicht* im Büro wäre, hätten wir das Haus nicht«). Er fing sich jedoch schnell wieder und änderte die Richtung. Er sah Laura an und sagte: »Es stimmt. Du hast viel mehr von dir in dieses Haus gesteckt als ich. Du bist öfter dort, und du hast es wirklich wunderschön eingerichtet.«

Laura wurde sichtlich milder gestimmt. Sie sprach über ihre Verletzlichkeit und erzählte, dass sie als Kind ständig umgezogen sei und nie gewusst habe, wo langfristig ihr Zuhause sein würde. Am Ende der Sitzung standen die beiden sich nicht mehr so unversöhnlich gegenüber, sondern hatten vielmehr einen Plan. Laura würde an den Samstagen mit Robert die Gegend nach kleineren Häusern absuchen und prüfen, zu welchem Preis sie zu haben waren – nicht weil sie einem Umzug zustimmte, sondern als Teil einer Faktensammlung. Sie würden auch gemeinsam ihre Finanzen unter die Lupe nehmen und ausrechnen, ob sie »für immer« in dem großen Haus bleiben könnten. Robert würde sich mehr Mühe geben zu verstehen, wie viel das alte Haus Laura bedeutete, und ihre Liebe für das Zuhause in die Bleiben-oder-Gehen-Gleichung mit einzubeziehen. Die beiden

Achten Sie mehr darauf, ob Ihre Konzentration auf das Rechthaben Sie von einem gemeinsamen Ziel ablenkt.

verließen die Sitzung mit dem Gefühl, eher Partner als Gegner zu sein.

Achten Sie mehr darauf, ob Ihre Konzentration auf das Rechthaben Sie von einem gemeinsamen Ziel ablenkt. Der Schritt von der Abwehr zu echter Neugier in Bezug auf den Standpunkt Ihres Partners ist wichtiger, als bei einer Auseinandersetzung zu punkten.

Stellen Sie Ihre Fragen liebevoll, denn ein harscher Ton könnte Ihrem Partner das Gefühl geben, dass Sie ihn ins Kreuzverhör nehmen, statt ihn besser verstehen zu wollen.

Regel Nr. 25

Ermutigen Sie zu dem, wovor Ihnen graut

Wenn Sie es satt haben, sich immer wieder die Sorgen oder Beschwerden Ihres Partners zu einem bestimmten Thema anhören zu müssen, dann geben Sie sich einen Ruck und überraschen Sie ihn damit, ihn genau zu der Unterhaltung zu ermutigen, vor der Ihnen am meisten graut.

Vielleicht befürchten Sie, dass Sie die Schleusen öffnen werden, wenn Sie Ihrem Partner eine Frage zu etwas stellen, worauf er sowieso schon ständig herumreitet. Tatsächlich ist das Gegenteil der Fall. Ihr Partner wird ein bisschen entspannter sein und sich damit weniger in das Thema verbeißen, wenn Sie ihn dazu *ermutigen*, Ihnen alles zu sagen, und ihm dabei aufmerksam zuhören.

Wie sieht dieses »ultimative Zuhörexperiment« aus?

Vor einiger Zeit hatte ich große Probleme mit den gesundheitlichen und das Aussehen verändernden Aspekten des Älterwerdens, von denen das Schicksal mir, wie ich fand, mehr als meinen gerechten Anteil zugedacht hatte. Steve wurde es leid, immer und immer wieder dasselbe zu hören, und seine Aufmerksamkeit ließ nach. Er sagte dann Dinge wie: »Du redest ständig über dasselbe. Das hilft dir nicht, und du kannst sowieso nichts daran ändern.« Oder er wies mich darauf hin, wie viel es gab, wofür ich dankbar sein konnte, wie viel schlechter es anderen ging und dass mir oder ihm oder jemand anderem aus der Familie eines Tages etwas passieren könne, was wirklich schrecklich sei. Warum also vergeudete ich die gute Zeit, die ich jetzt hatte?

Das stimmte natürlich alles. Aber ich bin allergisch gegen die Botschaft »Es ist, wie es ist, es lässt sich nicht ändern, also Schwamm drüber«. Und es ist im Allgemeinen auch keine gute Idee, ein Thema in einer Ehe für tabu zu erklären, zumindest nicht auf Dauer. Männer sagen mir oft: »*Danach* werde ich sie nicht fragen!« – wobei sie mit *danach* die ihrer Meinung nach völlig übertriebenen Sorgen ihrer Partnerin oder die Kritik meinen, die sie nicht ertragen können. Sie erkennen nicht, dass ihre Partnerin sich noch stärker in die Sache verrennt, wenn sie das Gefühl hat, dass man ihr einen Maulkorb verpasst hat oder ihr nicht richtig zuhört.

Ich weiß nicht, was Steve dazu veranlasste, doch eines Abends sagte er: »Ich möchte, dass wir nach dem Essen im Wohnzimmer ein Glas Wein miteinander trinken und du mir von all deinen körperlichen Veränderungen erzählst und von den Gefühlen, die sie in dir auslösen. Ich möchte jede Einzelheit wissen und dir einfach nur zuhören.« Er schlug vor, dass ich ihm vom Kopf bis hin zu den Fußsohlen *alles* erzählte. Er hörte aufmerksam zu und stellte Fragen, um mir weitere Details zu entlocken. Er machte keinerlei Anstalten, die Unterhaltung zu beenden. Als ich schließlich zu reden aufhörte, fragte er: »Gibt es noch mehr, was du mir nicht gesagt hast?«

Was Steve *nicht* tat, war genauso wichtig wie das, was er tat. Er unterbrach mich nicht, gab mir keine Ratschläge, wartete nicht mit Weisheiten auf, beschwichtigte mich nicht und versuchte auch nicht, mich aufzumuntern. Er kritisierte oder beurteilte meine Erfahrungen nicht und spielte sie auch nicht herunter (»Ich glaube, du reagierst übertrieben«). Er nahm keine Anrufe entgegen und checkte auch nicht seine E-Mails.

Führen Sie dieses »ultimative Zuhörexperiment« mit Ihrem Partner durch. Legen Sie eine Zeit fest, in der Sie nicht abgelenkt sein werden und mit guten Absichten in das Gespräch gehen können. Überlegen Sie sich, wo Sie dieses Experiment durchführen. Im Schlafzimmer oder in der Küche fühlen Sie sich vielleicht nicht so entspannt wie im Wohnzimmer oder an irgendeinem Ort im Freien. Machen Sie Ihrem Partner im Voraus klar, dass es Ihnen darum geht, alles darüber zu erfahren, warum er so wütend oder deprimiert ist. Fragen Sie ihn, ob Sie alles korrekt verstanden haben.

Regel Nr. 26

Ziehen Sie die Grenze bei Beleidigungen

Ich neige dazu, hin und wieder schlecht gelaunt und unausstehlich zu sein, versuche aber, es nicht zur Gewohnheit werden zu lassen. Wenn Steve locker drauf ist, lässt er mein schlechtes Benehmen an sich abprallen, oder er reagiert mit Humor.

Er hat auch kein Problem damit zu sagen: »Ich setze diese Unterhaltung erst wieder fort, wenn du in einem anderen Ton und mit Respekt mit mir reden kannst.« Abhängig von seiner Laune kann Steve ein Gespräch mit großer Reife oder großer Unreife beenden. Wie auch immer, er weiß genau, an welcher Art von Austausch er sich nicht beteiligen wird. Er bricht eine Unterhaltung auf der Stelle ab, wenn ich damit weitermache, ihn so zu behandeln, als sei er ein totaler Versager statt ein Partner, der mit mir an einem Strang zieht.

Setzen Sie Unterhaltungen auf Ihre Kosten nicht fort, vor allem dann nicht, wenn sie in Ihrer Beziehung nicht nur gelegentlich vorkommen, sondern zum gängigen Muster geworden sind. Zu schreien, zu betteln oder zu versuchen, vernünftig mit jemandem zu reden, der nicht zuhört oder keinen Respekt zeigt, führt nur zu einer Abwärtsspirale. In einem solchen Fall müssen Sie einfach weggehen.

Wenn Sie sich aus einer Unterhaltung verabschieden (was bedeuten kann, dass Sie den Raum oder die Wohnung verlassen), können Sie anbieten, sie ein andermal wiederaufzunehmen. (»Ich will mir anhören, was dich plagt, möchte aber, dass du anders mit mir umgehst. Lass es uns später noch mal versuchen, wenn wir beide ruhiger sind.«)

Ihrem Partner mit offenem Herzen zuzuhören heißt nicht, dass Sie sich von ihm erniedrigen oder schlecht behandeln lassen.

Regel Nr. 27

Verringern Sie Ihre Abwehrhaltung: Ein Zwölf-Schritte-Programm

Wir alle verhalten uns ziemlich oft abwehrend, nehmen aber wohl eher das Abwehrverhalten *anderer* Menschen wahr.

Schon ein kleines bisschen Angst reicht aus, um den für das Zuhören zuständigen Teil des menschlichen Gehirns auf die Größe einer Pintobohne zu reduzieren.

Sobald wir in eine abwehrende oder reaktive Haltung geraten, können wir keine neuen Informationen aufnehmen oder zwei Seiten eines Problems sehen – oder besser noch: sieben oder acht Seiten. Abwehr ist ein normales und weit verbreitetes Verhalten. Und sie ist der Erzfeind des Zuhörens.

> Abwehr ist ein normales und weit verbreitetes Verhalten. Und sie ist der Erzfeind des Zuhörens.

Die folgenden zwölf Schritte können Ihnen helfen, Ihre Abwehrhaltung zu verringern.

1. *Nennen Sie die Abwehr beim Namen.* Abwehr ist diese unmittelbare, reflexartige »Aber, aber …«-Reaktion, gepaart mit einer erhöhten Anspannung, die hervorgerufen werden kann, wenn unser Partner sagt: »Wir müssen reden.« Im Abwehrmodus achten wir *automatisch* auf die Ungenauigkeiten, Übertreibungen und Verzerrungen der Beschwerde unseres Partners, damit wir seine Fehler widerlegen, Gegenargu-

mente liefern und ihn an *sein* Fehlverhalten erinnern können. Wenn wir uns unserer Abwehrhaltung bewusst werden, können wir ein entscheidendes bisschen mehr Distanz zu ihr einnehmen.

2. *Atmen Sie.* Abwehr beginnt im Körper. Wenn wir uns bedroht fühlen, »überheizt sich« unser zentrales Nervensystem, sodass wir uns verspannen, auf der Hut sind und kaum neue Informationen aufnehmen können. Tun Sie also Ihr Bestes, um ruhig zu werden. Verlangsamen Sie Ihre Atmung, zählen Sie beim Ausatmen leise bis zehn, und holen Sie, nachdem die Stimme Ihres Partners verklungen ist und bevor Sie selbst zum Reden ansetzen, ganz tief Luft. Wenn wir angespannt und auf der Hut sind, hören wir einfach schlecht zu.
3. *Unterbrechen Sie Ihren Partner nicht.* Wenn Sie nicht zuhören können, ohne den anderen zu unterbrechen, ist dies ein deutlicher Hinweis darauf, dass Sie sich nicht beruhigt haben. Der Versuch zuzuhören, wenn Sie nicht dazu in der Lage sind, schadet mehr, als dass er nützt. Sagen Sie Ihrem Partner, dass Sie die Unterhaltung zwar führen möchten und dass Sie deren Wichtigkeit erkennen, im Moment jedoch nicht dazu in der Lage sind.
4. *Bitten Sie um nähere Einzelheiten.* Dies wird helfen, den Standpunkt des Partners zu klären, und zeigen, dass es Ihnen wichtig ist, ihn zu verstehen. (»Kannst du mir noch eine weitere Situation nennen, in der du das Gefühl hattest, ich würde dich runtermachen?«) Achtung: Um Einzelheiten bitten ist nicht dasselbe wie Kleinkrämerei – es geht darum, neugierig zu

sein, nicht, ein Kreuzverhör durchzuführen. Verhalten Sie sich nicht wie ein Anwalt, selbst wenn Sie einer sind.

5. *Suchen Sie etwas, dem Sie zustimmen können.* Sie sind vielleicht nur mit zwei Prozent von dem, was Ihr Partner sagt, einverstanden, finden in diesen zwei Prozent aber dennoch einen gemeinsamen Punkt (»Ich glaube, es stimmt, dass ich gestresst von der Arbeit nach Hause gekommen bin«). Dies verändert den Austausch so, dass aus einem Kampf Zusammenarbeit wird.
6. *Entschuldigen Sie sich für Ihren Anteil.* Es gibt fast immer etwas, für das wir uns entschuldigen können, wenn wir eine schwierige Situation mit unserem Partner hatten. Selbst eine allgemeine, aufrichtige Aussage wie »Es tut mir leid, was ich zu all dem beigetragen habe« kann Ihrem Partner zeigen, dass Sie in der Lage sind, Verantwortung zu übernehmen, und ihr nicht einfach ausweichen.
7. *Kein Aber.* Wenn wir uns in einer Abwehrhaltung befinden, leiten wir unsere Sätze gern mit einem »Aber« ein – um zu entkräften, was wir aufzunehmen versuchen sollten. Selbst wenn wir aufgeschlossen zuhören, vermittelt das Wort »aber« den Eindruck, dass wir die Perspektive des anderen ignorieren oder negieren. Achten Sie auf dieses kleine, Abwehr zum Ausdruck bringende Wörtchen, und verbannen Sie es vorübergehend aus Ihrem Vokabular. Fragen Sie stattdessen: »Habe ich das richtig verstanden?« oder »Möchtest du mir noch etwas sagen?«

8. *Antworten Sie auf Kritik nicht mit Gegenkritik.* Auch Sie werden die Gelegenheit haben, Ihre Klagen vortragen zu können, doch wenn Ihr Partner gerade im Begriff ist, seine Beschwerden zu äußern, ist nicht der richtige Zeitpunkt dafür. Sind Ihre Beschwerden berechtigt, sollten Sie sie erst recht für ein gesondertes Gespräch aufsparen, statt sie als Verteidigungsstrategie zu benutzen.
9. *Geben Sie Ihrem Partner zu verstehen, dass er bei Ihnen Gehör gefunden hat.* Selbst wenn Sie zu keiner Lösung gelangt sind, sollte Ihr Partner wissen, dass er Sie erreicht hat: »Es fällt mir nicht leicht, mir anzuhören, was du mir sagst, aber du sollst wissen, dass ich ausführlich darüber nachdenken werde.« Nehmen Sie sich einen Tag lang Zeit, um sich aufrichtig mit seinem Standpunkt auseinanderzusetzen.
10. *Halten Sie sich an Ihr Versprechen.* Wenn wir uns angegriffen fühlen, versuchen wir, alles in einer einzigen Unterhaltung unterzubringen, so als wäre es die letzte, die wir je führen werden. Sagen Sie sich frühzeitig, dass Sie sich einen Tag lang Zeit nehmen werden, um über den Standpunkt Ihres Partners nachzudenken, und dass Sie jetzt nicht all Ihre Argumente vorbringen müssen. Wenn Sie dies im Voraus beschließen, werden Sie besser zuhören und Ihrem Partner das Gefühl vermitteln können, gehört zu werden.
11. *Danken Sie Ihrem Partner dafür, dass er das Gespräch begonnen hat.* Selbst wenn Ihnen das, was Ihr Partner sagt, missfällt, können Sie ihm dafür danken, dass er eine so schwierige Unterhaltung in

die Wege geleitet hat. Beziehungen erfordern, dass wir eine solche Initiative ergreifen und unsere Dankbarkeit zum Ausdruck bringen, wenn unser Partner vielleicht nichts weiter als eine Abwehrhaltung erwartet. Auf diese Weise können wir die Situation beruhigen und unsere Bereitschaft zu offener Kommunikation signalisieren.

12. *Nehmen Sie die Unterhaltung in den nächsten 48 Stunden wieder auf.* Zeigen Sie Ihrem Partner, dass Sie weiterhin über seinen Standpunkt nachdenken und bereit sind, noch einmal über das Problem zu sprechen. Versuchen Sie, etwas zu sagen wie: »Ich habe über unsere Unterhaltung nachgedacht, und ich bin wirklich froh, dass wir über die Sache gesprochen haben.«

Ohne Abwehrhaltung zuzuhören ist eine lebenslange Herausforderung. Beginnen Sie mit den ersten drei Schritten (die Abwehr beim Namen nennen, atmen, nicht unterbrechen) und überreichen Sie sich selbst einen Orden, wenn Ihnen erst einmal dies gelungen ist.

Regel Nr. 28

Machen Sie deutlich, wo Sie anderer Meinung sind

Sich Kritik aufmerksam anzuhören, heißt nicht, dass man ein übertrieben entgegenkommender Mensch ist, der um jeden Preis den Frieden wahren will und mit seiner Meinung hinter dem Berg hält.

In einem Witz, den Männer sich gern erzählen, heißt es, dass der Ehemann bei einer Auseinandersetzung immer das letzte Wort haben sollte – und zwar dieses: »Du hast recht, Liebling. Ich habe unrecht. Es tut mir wirklich leid, und ich werde es nie wieder tun.«

Haben Sie Ihrem Partner wirklich zugehört und seine Ansicht überdacht, müssen Sie ihm sagen, wie Sie die Sache sehen.

Sie könnten beispielsweise sagen: »Ich habe über unsere Unterhaltung nachgedacht, und es tut mir wirklich leid, dass ich dich auf der Party ignoriert habe. Aber ich stimme dir nicht darin zu, dass ich daran schuld war, dass du zu viel getrunken hast. Ich bin für mein Verhalten verantwortlich, aber nicht für deins.«

Klar zu sagen, wo man anderer Meinung ist (und es Ihrem Partner zu erlauben, dasselbe tun) bildet die Voraussetzung dafür, ein Selbst *und* eine Beziehung zu haben. Denken Sie daran, dass ein kritischer Partner Ihrem abweichenden Standpunkt mehr Gehör schenken wird, wenn Sie diesen für eine zukünftige Unterhaltung aufsparen oder zumindest so lange, bis er das Gefühl hat, dass Sie ihn gehört und vollständig verstanden haben. Und selbst wenn Ihr Partner nicht bereit ist, Ihre Ansicht zu überdenken, ist es wichtig, dass Sie trotzdem klar Ihre Meinung aussprechen.

Regel Nr. 29

Helfen Sie Ihrem Partner, Ihnen beim Zuhören zu helfen

Schreiben Sie Ihren Partner nicht ab, weil Sie seine Art zu reden vielleicht als so mäkelig, heftig oder schwierig empfinden, dass Sie sich innerlich verschlossen haben. Erklären Sie ihm stattdessen, was Sie brauchen, um ihm bei einer Unterhaltung zuhören zu können. Sagen Sie es ihm so oft wie nötig.

Einer meiner Klienten war mit einer Frau verheiratet, die immer dann, wenn sie verängstigt war – was meistens der Fall war –, wie ein Wasserfall redete. Im Lauf der Jahre ging ihr Mann auf Abstand und blockte ab, was ihre Ängstlichkeit und ihren Redefluss nur noch verstärkte.

Er kam einen großen Schritt voran, als er sie in einer ruhigen Minute ansprach und freundlich sagte: »Liebes, ich möchte dir besser zuhören. Ich glaube, dass ich aufgrund von Erfahrungen in meiner Familie allergisch auf Konflikte und einen heftigen Ton reagiere. Wenn du mit einer Liste von Kritikpunkten loslegst oder mit einer solchen Heftigkeit mit mir über deine Sorgen sprichst, fühle ich mich überrannt und ziehe mich zurück. Ich versuche, in der Therapie an meinem Problem zu arbeiten, und ich habe auch darüber nachgedacht, wie du mir helfen kannst, ein besserer Partner zu sein.«

> Erklären Sie Ihrem Partner, was Sie brauchen, um ihm zuhören zu können. Sagen Sie es ihm so oft wie nötig.

Er bat sie dann zu versuchen, ruhiger mit ihm zu sprechen – das heißt langsamer, leiser und weniger drängend. Er bat sie, nur einen Kritikpunkt pro Unterhaltung anzubringen. Und er sagte auch: »Es fällt mir schwer, mir deine Sorgen wegen der Kinder anzuhören, wenn ich gerade zur Tür hereingekommen bin oder wir uns zum Abendessen hinsetzen. Ich fände es besser, wenn wir eine Zeit festlegen, um darüber zu sprechen, was dich beunruhigt, und uns dann so viel Zeit dafür nehmen wie nötig.«

Er erklärte ihr, dass es ihm nicht darum gehe, sie zu gängeln, sondern ihr zu verstehen zu geben, wie leicht er sich angesichts eines heftigen Verhaltens überrannt und aufgewühlt fühle. Er gab das Problem zu, ohne sie für seine Gefühle verantwortlich zu machen. Er sprach das Positive an, indem er sagte: »Ich weiß, dass das, worauf ich reagiere, die Kehrseite von dem ist, was ich an dir liebe – deine Vitalität und deine Art, Dinge offen anzusprechen.«

Natürlich konnte seine Frau ihr heftiges Temperament genauso wenig über Nacht ablegen, wie er ruhig und gut gelaunt bleiben konnte, wenn sie im Verfolgermodus war. Er beendete auch weiterhin Unterhaltungen, die für ihn zu heftig waren, und nahm sie zu einem ruhigeren Zeitpunkt wieder auf.

Er half ihr aber dennoch zu verstehen, dass er nicht einfach ein passiv-aggressiver Typ war, der versuchte, allen schwierigen Gesprächen aus dem Weg zu gehen.

Sie werden ein besserer Zuhörer sein, wenn Sie Ihrem Partner verstehen helfen, was Sie daran hindert, ein besserer Zuhörer zu sein, ohne ihn zu kritisieren oder für Ihr Problem verantwortlich zu machen.

Regel Nr. 30

Wenn Sie nicht mehr zuhören können, sagen Sie es

Unserer Fähigkeit zuzuhören sind ebenso Grenzen gesetzt wie unserer Fähigkeit, zu geben oder zu handeln. Wenn diese Grenze erreicht ist, müssen Sie einen Weg finden, die Unterhaltung zu beenden oder geschickt in eine andere Richtung zu lenken. Es hat nichts mit Mitgefühl zu tun, jemanden weiterreden zu lassen, nachdem Sie längst auf Durchzug geschaltet haben. Und es ist auch nicht mitfühlend, nur zuzuhören und den anderen nie an den eigenen Problemen oder am eigenen Schmerz teilhaben zu lassen.

Jim, einer meiner Klienten, berichtete, dass seine Frau Sarah unaufhörlich darüber redete, wie schlecht ihr Vater in dem Altersheim, in dem er lebte, versorgt werde. Sie brachte das Thema fast jeden Abend zur Sprache, normalerweise beim Essen. Jim graute es inzwischen schon davor. Schließlich schaltete er einfach ab, weil er glaubte, dass es Sarah gegenüber unsensibel sei, die Unterhaltung zu begrenzen, und dass sie das Thema trotz seiner Proteste doch zur Sprache bringen würde.

Wir arbeiteten an einer Möglichkeit, wie Jim mit Sarah über die Situation sprechen und das Muster durchbrechen konnte. Im Lauf der Zeit lernte er, Sarah freundlich zu unterbrechen, wenn sie über ihren Vater redete. Er sagte dann zum Beispiel:

> *Sarah, ich weiß, wie sehr es dich mitnimmt, dass dein Vater so schlecht versorgt wird. Aber manchmal habe*

ich das Gefühl, dass ich meine kostbare Zeit mit dir verliere, weil das Thema so viel Raum einnimmt. Ich habe im Moment Schwierigkeiten in der Arbeit, über die ich gern mit dir reden würde.

Sarah, es ist mir wirklich wichtig, bei diesem Problem für dich da zu sein, aber ich möchte nicht, dass wir die Unterhaltung während des Kochens oder Essens führen, und ich kann mich nicht richtig darauf konzentrieren, wenn ich mich entspannen möchte. Lass uns am Wochenende bei einem Kaffee über deinen Vater reden.

Und (in einem lockeren, herzlichen, neckenden Ton): Sarah, wenn du dieses Altersheim heute Abend beim Essen noch einmal erwähnst, nehme ich meinen Teller mit in die Garage und esse dort! Denk an unsere Nicht-während-des-Abendessens-Regel, es sei denn, es gibt einen wirklichen Notfall. Du scheinst wirklich aufgebracht zu sein, also lass uns nach dem Essen im Wohnzimmer darüber reden.

Entscheidend war, dass Jim das Thema nicht für tabu erklärte und seine Bedeutung nicht herunterspielte. Er brachte nur sein Bedürfnis deutlich zum Ausdruck, es zu bestimmten Zeiten ruhen zu lassen und die Unterhaltung an einem anderen Ort als dem Abendbrottisch zu führen.

Regel Nr. 31

Sagen Sie Ihrem Partner, wie Sie sich sein Zuhören wünschen

Zu dem, was ich am meisten an meinem Mann Steve liebe, gehört, dass er sich selbst angesichts sehr ernsthafter Dinge seine Ausgelassenheit und seinen Humor bewahrt. Es gibt kaum ein Thema, bei dem er es nicht schafft, mich zum Lachen zu bringen. Doch die Kehrseite dieser Gabe ist, dass er manchmal herumalbert, wenn es mir wichtig ist, dass er ernst bleibt und mir zuhört. Ich teile ihm dies mit, wobei ich es ihm zuweilen mehrmals sagen muss, bevor er meinem Wunsch nachkommt. (»Ich bin nicht in der Stimmung herumzualbern. Es ist mir wichtig, dass du mir jetzt *wirklich* zuhörst.«)

Es ist unrealistisch zu erwarten, dass Ihr Partner Ihnen bei jeder Unterhaltung seine ungeteilte Aufmerksamkeit und emotionale Präsenz schenkt. Sagen Sie es ihm, wenn Sie eine andere Qualität der Aufmerksamkeit von ihm brauchen.

Manchmal hilft es auch, dem »zuhörenden Partner« zunächst zu erklären, was Sie sich von ihm wünschen, bevor Sie zu erzählen beginnen. »Ich möchte nur, dass du mir zuhörst und mir sagst, was ich deiner Meinung nach richtig gemacht habe.« »Ich möchte hören, wie du die Sache siehst und ob du mir raten kannst, was ich als Nächstes tun soll.« »Ich möchte nur, dass du nachzuempfinden versuchst, wie schwer das für mich ist, selbst wenn es das für dich nicht ist.«

Vielleicht wünschen wir uns, dass unser Partner auf magische Weise immer genau weiß, wann wir seine ungeteilte Aufmerksamkeit brauchen und welche Art von Reaktion wir uns erhoffen. Aber es ist unfair, von ihm zu erwarten, Gedanken lesen oder nonverbale Hinweise wahrnehmen zu können. Seien Sie nachsichtig mit ihm und sagen Sie ihm unumwunden, was Sie sich in puncto Zuhören von ihm erhoffen.

> **Seien Sie nachsichtig mit Ihrem Partner, und sagen Sie ihm unumwunden, was Sie sich von ihm erhoffen.**

Zögern Sie nicht, ihm eine konkrete Rückmeldung zu geben, wenn er nicht gut genug zuhört. (»Als ich meine beruflichen Probleme zur Sprache gebracht habe, hast du im Zimmer herumgeschaut. Dann hast du das Thema gewechselt und über dein kaputtes Knie geredet.«) Verallgemeinern Sie Ihre Kritik nicht. Es hilft nicht, Dinge zu sagen wie: »Du hörst mir nie zu.« Im Gegenteil: Diese Reaktion könnte ein Garant dafür sein, dass Ihr Partner es auch nie tun wird.

Sie können auch die Gelegenheit ergreifen, Ihren Partner zu fragen, wie gut *Sie* zuhören, vor allem, wenn es um ein hochsensibles Thema geht. Möglicherweise hat er Ihnen etwas Nützliches oder Überraschendes zu sagen.

4

Beenden Sie die Verfolgungsjagd: Nähe zu einem distanzierten Partner

Ich blätterte in einem Souvenirladen am Flughafen eine Zeitschrift durch und stieß dabei auf einen Artikel über Vertrautheit in der Paarbeziehung. Er enthielt einen Fragebogen, mit dem man seine Beziehung auf einer Skala von eins bis zehn für Distanz und Nähe bewerten konnte. Bevor Sie einen solchen Fragebogen ausfüllen und dann beschließen, sich unter der Bettdecke zu verkriechen, weil Ihre Beziehung ein großer Misserfolg ist, sollten Sie Folgendes wissen: Einige Paare sind glücklich damit, wie siamesische Zwillinge aneinanderzukleben, andere, wie freundliche WG-Genossen miteinander zu leben, und wieder andere, sich irgendwo zwischen diesen beiden Extremen wiederzufinden. Es gibt kein »korrektes« Maß an Nähe oder Distanz, das für jedes Paar oder auch für alle Zeiten für ein Paar zutrifft.

Natürlich kann Distanz ein Warnsignal dafür sein, dass Probleme unter den Teppich gekehrt werden oder dass einer der Partner sich aus der Beziehung verabschiedet hat. Doch Distanz bedeutet nicht immer, dass Ihre Beziehung auf wackligen Füßen steht. Die Distanziertheit Ihres Partners ist vielleicht nur dessen Art, eine schwierige Zeit durchzustehen. Oder Sie haben kleine Kinder und können möglicherweise beide nicht viel mehr tun, als abends erschöpft ins Bett zu fallen. Manchmal kann unser Ziel realistischerweise nur das Überleben und nicht die Nähe sein. In solchen Zeiten könnte die »Lösung« in der Erkenntnis bestehen, dass es kein Problem gibt – egal was die Beziehungsexperten sagen. Wenn das Leben Ihnen zu viel aufgebürdet hat, verdienen Sie vielleicht schon allein dafür einen Orden, den Tag zu überstehen.

Wichtig ist, ein Gleichgewicht zwischen Getrenntsein und Zusammengehörigkeit herzustellen, das für Sie *und* Ihren Partner funktioniert. Das ist leichter gesagt als getan, weil wir Menschen unterschiedliche Bedürfnisse nach Nähe und Distanz haben. Außerdem verfallen wir, wenn wir uns über die mangelnde Verfügbarkeit unseres Partners ärgern, oft automatisch in den »Verfolgermodus« und machen das Problem nur noch schlimmer. Wenn Sie sich von einem Nähesuchenden distanzieren, bedrängt er Sie umso mehr. Betrachten Sie es als physikalisches Gesetz.

Bedrängen und distanzieren sind normale Verhaltensweisen in Stresssituationen. Ein Problem entsteht nur, wenn Bedrängen und Distanzieren zu einem eingefahrenen Muster werden und Nähesuchender sowie Distanzsuchender auf schmerzliche Weise immer mehr zu Gegenspielern werden. Geschieht dies, wird das Verhalten des einen Partners durch das Verhalten des anderen provoziert und aufrechterhalten. Hierzu ein Beispiel: Sie hat Stress (sagen wir ein Problem mit einem Kind) und geht auf ihn zu, weil sie mit ihm reden möchte. Er zieht sich zurück, was ihre Angst nur noch verstärkt, sodass sie ihn massiver bedrängt, was nur dazu führt, dass er sich noch weiter distanziert. Später kommt es zu einer

Auseinandersetzung, für die dann jeder dem anderen die Schuld gibt. Es ist immer leichter, mit dem Finger auf den Partner zu zeigen, als den eigenen Anteil an einem Problem zuzugeben. Um wirklich Nähe zu einem distanzierten oder sich distanzierenden Partner herstellen zu können, müssen Sie den Teufelskreis erkennen und Schritte unternehmen, um ihn zu durchbrechen.

Natürlich sind die Partner zu unterschiedlichen Zeiten und bei unterschiedlichen Problemen nicht unbedingt auf eine der beiden Rollen – Nähesuchender oder Distanzsuchender – festgelegt. Einer der Partner sucht zum Beispiel nach mehr emotionaler Intimität, zieht sich jedoch bei einem gesundheitlichen Problem zurück. Wie dem auch sei, der Nähesuchende ist derjenige, dem die Distanz mehr zu schaffen macht, und der folglich auch motivierter ist, das Muster zu durchbrechen. Der Distanzsuchende ist vielleicht unglücklich darüber, wie die Dinge in seiner Beziehung laufen, hält aber eher den Status quo aufrecht, als auf einen Partner zuzugehen, der sich im Verfolgermodus befindet. Deswegen geht es in den meisten der folgenden Regeln darum, dem Nähesuchenden dabei zu helfen, die Verfolgungsjagd aufzugeben und Nähe herzustellen, ohne den Nähesucher-Distanzsucher-Reigen noch weiter zu verstärken.

Regel Nr. 32

Erkennen Sie Ihre Rolle in dem Reigen

Um Ihre Rolle in dem Nähesucher-Distanzsucher-Reigen zu verändern, müssen Sie die charakteristischen Merkmale beider Spielarten verstehen. Am leichtesten lässt sich unsere Rolle erkennen, wenn wir unter großem Stress stehen, weil wir dann dazu neigen, zu einer übertriebeneren Version unseres Selbst zu werden.

Nähesuchende …

- reagieren auf Ängste durch ein verstärktes Bedürfnis nach Zusammengehörigkeit in ihrer Beziehung.
- halten es für enorm wichtig, Dinge auszudiskutieren und Gefühle zum Ausdruck zu bringen, und glauben, dass andere dasselbe tun sollten.
- fühlen sich zurückgewiesen und nehmen es persönlich, wenn ihr Partner mehr Zeit und Raum für sich oder außerhalb der Beziehung haben möchte.
- neigen dazu, den Partner noch stärker zu bedrängen, wenn dieser Distanz sucht, und ziehen sich, wenn ihre Bemühungen scheitern, hinter eine Mauer abweisender Kälte zurück.
- bewerten sich zuweilen selbst negativ als »zu abhängig«, »zu fordernd« oder »zu nörglerisch« in ihrer Beziehung.
- kritisieren ihren Partner gern als jemanden, der nicht mit seinen Gefühlen umgehen oder keine Nähe ertragen kann.
- wenden sich, wenn sie Angst haben, mit Eindringlichkeit oder emotionaler Intensität an ihren Partner.

Distanzsuchende …

- wollen sich unter großem Stress mittels räumlicher Distanz eine emotionale Distanz verschaffen.
- betrachten sich als selbstständige und zurückhaltende Menschen, die Dinge eher selbst regeln, als die Hilfe anderer in Anspruch zu nehmen.
- haben Schwierigkeiten, ihre bedürftige, verletzliche und abhängige Seite zu zeigen.
- werden von ihren Partnern als »abweisend«, »verschlossen« und »emotional unerreichbar« beschrieben.
- kompensieren Missstimmung in ihrer Beziehung mit einem stärkeren beruflichen Engagement oder dem Rückzug vor den Computer oder in den Sport.
- neigen dazu, den Partner schnell abzuschreiben (»Es lohnt sich nicht, Dinge zu diskutieren«), und haben eine niedrige Konflikttoleranz.
- öffnen sich am ehesten, wenn sie von ihrem Partner nicht unter Druck gesetzt, bedrängt oder kritisiert werden.

Denken Sie daran: Nicht der *Mensch*, sondern das *Muster* ist das Problem in der Beziehung. Das Muster und Ihre Rolle darin zu verstehen, ist der erste Schritt, daraus auszubrechen.

Regel Nr. 33

Versuchen Sie nicht, aus einer Katze einen Hund zu machen

Sie haben sich vielleicht mit einem sehr zurückhaltenden Menschen zusammengetan, jemandem, der nicht nach jeder Dinnerparty Bericht erstatten oder ausführlich über die Symptome seiner Magengrippe reden möchte. Ist dies der Fall, sollten Sie nicht darauf zählen, dass die Macht Ihrer Liebe oder Ihre Nörgeleien in ihm etwas hervorbringen, was von Anfang an nicht da war. Wenn wir grundlegende Unterschiede als problematische Distanz interpretieren, machen wir vielleicht alles nur noch schlimmer.

Phyllis, eine meiner Klientinnen, war mit Doug verheiratet, einem ruhigen, introvertierten Mann, der als Einzelkind aufgewachsen war. Sie selbst kam, wie sie sagte, aus einer »großen, lauten, eng verbundenen Familie« und war fasziniert von Dougs Besonnenheit, seiner ruhigen Unabhängigkeit und seiner einzigartigen Leidenschaft für die Arbeit als Universitätsdozent. Zweifellos fühlte er sich von ihrer Extrovertiertheit und ihrer großen, bunten Familie angezogen.

In einem späteren Stadium der Ehe ärgerte Phyllis sich – wie das so oft der Fall ist – über genau die Eigenschaften, die sie früher einmal zu Doug hingezogen hatten. Besorgt fing sie an, Nähe zu ihrem Mann zu suchen, interpretierte die Liebe zu seiner Arbeit nun als »Workaholismus« und ließ sich in den dunkelsten Farben über sein Versäumnis aus, sie mehr an seinem Innenleben teilhaben zu lassen (»Ich weiß nicht, wie wir zusammenbleiben können, wenn du nie über deine Gefühle sprichst«). Phyllis bemerkte, dass Doug sich als Reaktion auf ihre Wertungen und ihre Kritik noch weiter zurückzog, doch nun betrachtete sie seine Zurückhaltung als Vorwurf.

Ich schlug vor, Phyllis solle ihren Mann als Kater betrachten und versuchen, sein Bedürfnis nach Zeit für sich selbst nicht persönlich zu nehmen. Phyllis liebte ihren Kater, der in typischer Katzenmanier auf ihrem Schoß saß und zufrieden schnurrte, dann aus keinem ersichtlichen Grund von ihrem Schoß sprang und sich in einer Ecke zusammenrollte. Wenn ihr Kater Raum brauchte, fragte Phyllis sich nicht besorgt, was sie falsch gemacht hatte, warum er genau in diesem Moment von ihr wegwollte und ob dieses Verhalten ein drohendes Desaster in ihrer Beziehung signalisierte. Sie zwang ihn auch nicht, auf ihren Schoß zurückzukehren, weil sie wusste, dass er nur wieder herunterspringen würde. Sie akzeptierte sein Verhalten als Teil seines Katerseins und verstand, dass es bei diesem Wechsel von Nähe und Distanz um *ihn* und nicht um sie ging.

Diese Haltungsänderung »löste« Phyllis' Wunsch nach mehr Nähe in ihrer Ehe nicht. Sie half ihr jedoch, sich an die guten Eigenschaften ihres Mannes zu erinnern, von denen sie sich ursprünglich angezogen fühlte. Als Phyllis Dougs Bedürfnis nach Ungestörtheit und Freiraum weniger persönlich nahm, konnte sie ihn auch ruhig zu mehr Nähe ermutigen, statt sie besorgt zu fordern. Er wiederum taute richtig auf, obwohl er sich nie in ein übereifriges Hündchen verwandelte.

Regel Nr. 34

Verurteilen Sie den Distanzsuchenden nicht

Bedrängen und sich distanzieren sind zwei unterschiedliche Verhaltensmuster, nach denen Menschen bei Stress reagieren, um mit der Situation zurechtzukommen. Offensichtlich funktionieren Beziehungen am besten, wenn keiner der Partner in einem dieser Extreme stecken bleibt und beide so flexibel sind, ihre Verhaltensmuster zu verändern. Doch keines der beiden Muster ist »richtig oder falsch«, »gut oder schlecht«, »besser oder schlechter«.

Davon abgesehen ist es jedoch nur natürlich, dass wir unser Verhaltensmuster als das korrekte ansehen. Wenn unsere Art der Problembewältigung die ist, in eine Therapie zu gehen, sind wir vielleicht davon überzeugt, dass unser Partner dasselbe tun sollte, selbst wenn er aus einer Familie stammt, in der man Probleme traditionell allein löst. Wenn wir einen Profi dafür bezahlen wollen, über unsere Schwierigkeiten zu sprechen – nun, dann sollte er das auch wollen.

Lassen Sie sich einmal folgende Unterhaltung von Alan und Sabra, frisch verheirateten Freunden von mir, durch den Kopf gehen. Ich war gerade bei ihnen, als Sabra schlechte Nachrichten über den Gesundheitszustand ihrer Schwester erhielt. Es überraschte niemanden, dass sie die Information auf nüchterne Weise weitergab und dann das Thema wechselte. Das war typisch für Sabra, die große Schwierigkeiten hatte, ihre weiche, verletzliche Seite zu zeigen – etwas, das Alan stark irritierte, obwohl er ihre Lebenseinstellung »nicht jammern, weitermachen« auch bewunderte.

Später am Abend sagte Alan: »Sabra, wie immer lässt du mir keinen Raum, auf die schmerzliche Neuigkeit, von der du uns berichtet hast, zu reagieren. Es ist, als hieltest du einen Besen in der Hand und würdest mich in dem Moment, in dem du mir von der Diagnose deiner Schwester erzählst, damit einfach wegfegen. Und dann bist du schon beim nächsten Thema. Du gibst mir nicht einmal die Gelegenheit, dir zu sagen, wie leid es mir tut, was passiert ist.«

»Alan«, erwiderte sie in ihrer entschiedenen Art, »ich *weiß,* dass es dir leidtut. Das musst du mir nicht sagen.«

Als Alan Einwände dagegen erheben wollte, unterbrach Sabra ihn und sagte in noch entschiedenerem Ton: »Hör mal, Alan. Wenn *du* über etwas redest, was dir Probleme bereitet, fühlst du dich besser. Wenn *ich* darüber rede, fühle ich mich schlechter. Ich will es loswerden und dann weitermachen wie gehabt. Du musst diesen Unterschied zwischen uns akzeptieren.«

Alan muss diesen Unterschied akzeptieren *und* Sabra verstehen helfen, dass er die Möglichkeit braucht, auf eine schmerzliche Nachricht zu reagieren, auch wenn ihr sein Schweigen lieber wäre. Die beiden werden besser zurechtkommen, wenn sie ihr jeweiliges Reaktionsmuster ein wenig verändern, gleichzeitig jedoch die Unterschiede zwischen ihnen respektieren.

Ich fand es aufschlussreich, als Sabra sagte, dass sie sich schlechter fühle, wenn sie über Probleme rede. Ihre Worte erinnerten mich daran, dass selbst »sich widersprechende Muster« eine grundlegende menschliche Gemeinsamkeit haben: Wenn wir unter Druck stehen, versuchen wir alle, mit der Situation zurechtzukommen. Es gibt nicht den einen richtigen Weg.

Regel Nr. 35

Stellen Sie keine Diagnosen, verabreden Sie sich zu einem Date

Wenn unser Partner sich distanziert, neigen wir verständlicherweise dazu, ihn nebst unserer Beziehung zu diagnostizieren (»Du bist in letzter Zeit so abwesend; ich glaube, du bist deprimiert und weißt es nicht.« »Ich glaube, dass die Nähe in unserer Ehe verlorengegangen ist.«). Außerdem tendieren wir, wenn wir uns verwundbar fühlen, zu Übertreibungen (»Wir haben uns seit einem Jahr nicht mehr richtig unterhalten«). Auf diese Weise können wir ein nicht existierendes Problem kreieren oder aus einem kleinen Problem ein großes machen.

Wenn Sie mehr Nähe suchen, schlagen Sie eine gemeinsame Unternehmung vor. (»Ich habe gehört, dass es beim See einen wunderschönen Wanderweg gibt – hast du Lust, ihn am Wochenende mal auszuprobieren?«) Statt über Ihre Kommunikation zu kommunizieren – darüber zu reden, dass Sie nicht miteinander reden –, versuchen Sie einfach, miteinander zu reden.

Statt darüber zu reden, dass Sie nicht miteinander reden – versuchen Sie einfach, miteinander zu reden.

Das folgende Beispiel zeigt, was Sie allerdings vermeiden sollten, wenn Sie eine größere Nähe zum Distanzsuchenden herstellen wollen:

Carol beschrieb ihren Mann James als jemanden, der sich nicht gern unterhielt. Deswegen freute sie sich, als er ihren Vorschlag, zum Essen in ihr japanisches Lieblingsrestaurant zu gehen, enthusiastisch annahm. Sie unterhielten sich prima, bis die Misosuppe kam und Carol das Bedürfnis verspürte, den aktuellen Stand ihrer Ehe »aufzuarbeiten«. Ihrem eigenen Bericht zufolge verlief die Unterhaltung so:

Sie: Weißt du, ich bin traurig, dass wir nicht mehr miteinander reden.
Er: Was meinst du damit, dass wir nicht mehr miteinander reden? Ich habe dir gerade erzählt, was im Büro passiert ist.
Sie: Ich meine, dass wir nicht mehr richtig miteinander reden. Nicht so wie früher.
Er: Was soll das heißen, richtig miteinander reden? Ich habe gerade mit dir geredet.
Sie: Na ja, ich weiß nie genau, was du fühlst. Ich meine, oberflächlich schon, vielleicht wenn es um deine Arbeit geht. Aber ich habe das Gefühl, dass du auf einer tieferen Ebene dichtgemacht hast.
Er (wütend): Du lädst mich ein, mit dir essen zu gehen, und jetzt kritisierst du mich? Das ist ja wohl das Letzte!
Sie: Wehr jetzt bitte nicht ab. Du tust gerade so, als wäre ich das Problem, weil ich mich dir näher fühlen will.
Er: Also ich will nur eins, nämlich raus hier. So stelle ich mir eine Verabredung nicht vor.
Sie (wütend): Na super! Ich erzähle dir, dass ich mich dir näher fühlen möchte, und du willst nach Hause. Das ist wirklich großartig.

Der Abend war ein Desaster, wofür Carol allein James' Abwehrhaltung verantwortlich machte. Er begab sich tatsächlich in die Defensive, doch ihren eigenen Beitrag zu dem Debakel zu erkennen, fiel Carol schwerer. Ihr Bedürfnis, »richtig miteinander zu reden«, hätte darin Ausdruck finden können, James mehr Fragen zu seiner Arbeit zu stellen oder eine andere Unterhaltung anzuregen, die sie vielleicht beide genossen hätten. Stattdessen machte Carol negative Bemerkungen über James (»Ich habe das Gefühl, dass du dichtgemacht hast«) und über ihre Ehe (»Wir reden nicht mehr miteinander«). Schließlich war es eine Samstagabendverabredung – kein Treffen, das sie festgelegt hatten, um ihre Kommunikationsprobleme zu diskutieren.

Statt Ihren Partner oder Ihre Beziehung zu diagnostizieren, sollten Sie versuchen, so wie Carol Nähe anzuregen (zum Beispiel durch eine Verabredung zum Essen). Unterlassen Sie es, Ihren Partner oder Ihre Beziehung in einem allgemein negativen Licht darzustellen.

Dieser Rat gilt auch für den Distanzsuchenden. Versuchen Sie einfach, die Distanz zu überbrücken, statt Ihren Partner als zu emotional oder zu aggressiv zu bezeichnen.

Regel Nr. 36

Drosseln Sie Ihre Intensität

Um aus dem Verfolgermodus herauszukommen, müssen Sie möglicherweise Ihre Intensität drosseln – wozu lautes, schnelles Reden, dem anderen ins Wort fallen, zu viel reden und das ungefragte Anbieten von Hilfe und Ratschlägen gehören. Das heißt nicht, dass es sich hierbei um neurotische Züge handelt oder dass Sie eine Persönlichkeitsstörung haben. Einem anderen Partner mit einem anderen kulturellen Hintergrund, einer anderen persönlichen Geschichte, einer anderen Geschwisterkonstellation oder einem anderen Temperament würden ebendiese Qualitäten vielleicht gefallen. Er würde sich vielleicht glücklich schätzen, eine so wortgewandte, leidenschaftliche und energische Partnerin gefunden zu haben.

Viele Distanzsuchende reagieren jedoch instinktiv allergisch auf ein zu intensives Verhalten, was im Lauf der Zeit nur noch zunimmt. Sie sagen vielleicht »Ich rede nicht gern«, verweigern sich aber tatsächlich, weil sie fürchten, in eine Unterhaltung hineingezogen zu werden, die sich für sie schrecklich anfühlt.

Wenn Ihre Beschwerde lautet: »Er redet nicht« oder »Sie redet nicht«, sollten Sie Ihren Grad an Intensität überprüfen. Denken Sie daran, dass selbst positive Intensität zu mehr Distanz führen kann, sobald die Nähesucher-Distanzsucher-Dynamik greift. Zu großzügig oder besorgt zu sein (häufig zu fragen, ob es Ihrem Partner gut geht, ihn mit Lob zu überhäufen, einen »richtigen Kuss« zu wollen, statt einen flüchtigen Schmatz auf die Wange, während Ihr Partner gerade das

Abendessen zubereitet), ist kontraproduktiv, wenn ein Distanzsuchender sich bedrängt fühlt. Die Intensität zu drosseln heißt nicht, vom Negativen ins Positive überzuwechseln – es heißt, sich zurückzunehmen.

Geben Sie sich ein paar Wochen lang zurückhaltender. Reden Sie langsamer und weniger, fassen Sie sich kürzer, sprechen Sie leiser, unterbrechen Sie den anderen nicht, vermeiden Sie Kritik, und lassen Sie Ihrem Partner mehr körperlichen Freiraum. Sie können sich vornehmen, sich in allen Unterhaltungen an diese Regeln zu halten oder auch nur, wenn es um ein besonders heißes Eisen geht, über das Sie und Ihr Partner keine zwei Minuten sprechen können, ohne sich in den Haaren zu liegen. Finden Sie heraus, was Sie über sich und Ihren Partner lernen können, wenn Sie Ihre gesamte Kommunikation auf einer Zehn-Punkte-Skala von einer Acht auf eine Zwei verringern.

Regel Nr. 37

Probieren Sie ein »neues Ich« aus

Manchmal müssen Sie zunächst eine geringere Intensität vortäuschen, um letztlich ruhiger zu werden. Es mag sich unaufrichtig anfühlen, wenn Sie so tun, als wären Sie ruhig, obwohl Sie es nicht sind, oder wenn Sie einen sich distanzierenden Partner nicht mehr weiter bedrängen, obwohl Sie ihn Ihrer Meinung nach zur Rede stellen müssten. Aber denken Sie daran: Sie werden erst herausfinden, was in Ihrer Beziehung (oder für Sie selbst) wahr oder möglich ist, wenn Sie Ihre gewohnten Verhaltensweisen verändern.

Versuchen Sie, die Intensität zwischen sich und Ihrem Partner auf kreative Weise zu verringern, selbst wenn es das Letzte ist, wonach Ihnen im Moment zumute ist. Wenn Sie wissen, dass Sie Ihren Partner zu einer Unterhaltung drängen werden, falls Sie zu Hause bleiben, gehen Sie mit einem Freund aus. Sind Sie mit Ihrem Partner im Kino und ärgern sich, dass er Ihre Hand nicht hält, ja nicht einmal Ihre Gegenwart zur Kenntnis nimmt, dann sprechen Sie nach Verlassen des Kinos nur über den Film und nicht über Ihre verletzten Gefühle. Sollten Sie die Angewohnheit haben, ihm nicht von der Seite zu weichen oder ihn »zu beaufsichtigen«, wenn er das Abendessen kocht, die Wäsche faltet oder die Kinder ins Bett bringt, gehen Sie in ein anderes Zimmer, wo Sie nicht beobachten können, was er tut. Schreiben Sie ihm

Versuchen Sie, die Intensität zwischen sich und Ihrem Partner auf kreative Weise zu verringern, selbst wenn es das Letzte ist, wonach Ihnen im Moment zumute ist.

keine SMS und rufen Sie ihn auch nicht an, solange es nicht nötig ist. Sie werden nach und nach etwas von der Ruhe verspüren, die zu besitzen Sie nur vorgegeben haben.

Regel Nr. 38

Schalten Sie Ihre wenig smarten »Smartphones« aus

Die moderne Technologie, die uns alle in Kontakt halten soll, sorgt für Distanz zwischen Paaren, auch wenn wir uns dessen nicht bewusst sind. Jedes Paar braucht technologiefreie Zeiten, um einander mit voller, ungeteilter Aufmerksamkeit zu erleben.

Wir sind inzwischen zu der Überzeugung gelangt, dass wir unbedingt diesen Anruf entgegennehmen müssen, während wir am Strand sind, und dass wir in unserem Job schneller vorankommen, wenn wir rund um die Uhr per E-Mail erreichbar sind. Dies trifft nur selten vollkommen zu. Sie brauchen auch nicht ständig Ihre Mailbox, den Spielstand, Ihre E-Mails oder was auch immer zu überprüfen. Und Ihren Partner anzurufen oder ihm eine SMS zu schicken, wenn er mit Freunden unterwegs ist, ist nicht nur unhöflich, sondern gefährdet auch die Beziehung. Wir alle brauchen ein wenig partnerfreie Zeit.

> Es ist gut, Regeln für die zeitweilige Abstinenz von allem zu haben, was man auch während des Starts und der Landung eines Flugzeugs nicht benutzen darf.

Setzen Sie sich mit Ihrem Partner zusammen, und stellen Sie Regeln für technologiefreie Zeiten auf. Die Regeln in meiner Ehe lauten:

1. Smartphones sind während der Zubereitung des Essens und während der Mahlzeiten ausgeschaltet und

außer Sichtweite. Auch Anrufe über Festnetz werden nicht entgegengenommen.
2. Es werden keine Anrufe entgegengenommen, wenn wir uns mitten in einer Unterhaltung befinden oder Freunde zu Besuch haben. Wir können später zurückrufen.
3. Wenn einer von uns einen Anruf unbedingt entgegennehmen muss, dann tut er es außer Hörweite des anderen.

Diese Technologieabstinenz ist besonders wichtig, wenn Ihr Partner sich über Ihre Abhängigkeit davon beklagt. Einem meiner Klienten gelang es, in seiner Ehe eine entscheidende Verbesserung herbeizuführen, als er seiner Frau seine neue Regel mitteilte, zu der er sich entschlossen hatte: »Nachdem ich von der Arbeit zu dir und den Kindern nach Hause gekommen bin: zwei Stunden lang keine Kommunikationstechnologie jedweder Art.« Dies war eine besonders bedeutsame Veränderung, weil seine Frau aus gutem Grund allergisch auf sein BlackBerry reagierte. Einmal warf sie es in die Toilette, als sie seine Hilfe bei der Zubereitung des Abendessens brauchte und er nicht aufhörte, seinem Bruder eine endlos lange SMS zu schreiben. Sie sollten das bitte nicht nachahmen, auch wenn sie dadurch seine Aufmerksamkeit erlangte.

Heutzutage ist es gut, Regeln für die zeitweilige Abstinenz von allem zu haben, was man auch während des Starts und der Landung eines Flugzeugs nicht benutzen darf. Erst *nachdem* Sie so diszipliniert geworden sind, sich technologiefreie Zeiten zu schaffen, wird Ihnen klarwerden, wie sehr die verführerische Verlockung der Kommunikationstechnologie Sie von Ihrer Beziehung trennen kann – und von sich selbst.

Regel Nr. 39

Verfolgen Sie Ihre Ziele, nicht Ihren Partner

Eine der wichtigsten Herausforderungen für einen Nähesuchenden ist die, seinen Fokus vom Distanzsuchenden weg und auf sein eigenes Leben zu richten – und dies mit Würde und Elan. Das wird ihm nicht nur helfen, sich im Lauf der Zeit mehr zurückzunehmen, es ist auch nahezu die einzige Möglichkeit für den Distanzsuchenden, seine eigenen Bedürfnisse nach Nähe und Zwiesprache zu erkennen.

Versuchen Sie folgendes Experiment: Fokussieren Sie sich ein paar Wochen lang nicht auf Ihren Partner. Stecken Sie 100 Prozent Ihrer Energie in Ihr eigenes Leben. Bleiben Sie Ihrem Partner herzlich verbunden, aber bitten Sie ihn nicht um mehr Nähe; vergessen Sie die Nähe vielmehr für die Dauer dieses Experiments. Widerstehen Sie jeder Versuchung, ihn dazu aufzufordern, auf Sie zuzukommen. Wenden Sie sich mit Ihren Sorgen und Ihrem Bedürfnis nach Unterhaltung an jemand anderen. Sie könnten ihm sogar ein wenig mehr Raum geben, als ihm lieb ist, indem Sie sich neuen Aktivitäten widmen und mehr Zeit mit Ihren Freunden und Ihrer Familie verbringen.

> Die Konzentration auf das eigene Selbst gehört zu den effektivsten Möglichkeiten, die Nähesucher-Distanzsucher-Dynamik zu durchbrechen.

Meiden Sie Kritik und eine negative Einstellung. Erwähnen Sie nicht seinen Mangel an Wärme, Interesse und Aufmerksamkeit. Sie könnten sich sogar für ein früheres Verhalten entschuldigen. (»Es tut mir leid, dass ich dir in letzter Zeit so zugesetzt habe. Ich glaube, Teil des Problems ist, dass ich es vor lauter Stress vermieden habe herauszufinden, was ich in meinem eigenen Leben tun muss.«)

Bleiben Sie vor allem herzlich und freundlich, was erfordern kann, dass Sie es zunächst vortäuschen müssen. Widerstehen Sie der Versuchung, sich entweder zu streiten oder kühle Distanziertheit an den Tag zu legen. Ein frostiger Rückzug wird das Verhaltensmuster nicht ändern, auch wenn Ihr Partner sich dann vielleicht vorübergehend mehr um Sie bemühen wird. Ihre Zeit und Energie wieder auf Ihr eigenes Leben zu verwenden, heißt nicht, emotional unzugänglich zu werden.

Konzentrieren Sie sich in diesen Wochen auf die Qualität und die Richtung Ihres eigenen Lebens. Welche Fertigkeiten möchten Sie vielleicht entwickeln? Welchen Hobbys nachgehen? Welche beruflichen Ziele schweben Ihnen vor? Wie sehen Ihre Wertvorstellungen und Überzeugungen dahingehend aus, eine gute Schwester, Tochter, Tante oder ein guter Bruder, Sohn oder Onkel zu sein? Welche Verbindungen wollen Sie in Ihrer Gemeinde aufbauen? Wollen Sie neue Freunde gewinnen oder mehr Zeit mit alten Freunden verbringen? Treiben Sie Sport, ernähren Sie sich gesund und sorgen auch ansonsten gut für sich? Welche Art von Zuhause wollen Sie sich gestalten? Was bereitet Ihnen Vergnügen oder Freude? Stehen Sie anderen nützlich zur Seite? Letzteres ist vielleicht das stärkste aller Gegengifte gegen die übermäßige Fokussierung auf das, was Sie nicht von Ihrem Partner bekommen.

Sich auf das eigene Selbst zu konzentrieren gehört zu den effektivsten Möglichkeiten, die Nähesucher-Distanzsucher-Dynamik zu durchbrechen. Die beste Art, an einer Beziehung zu arbeiten, schließt immer die Arbeit am eigenen Selbst mit ein. Somit wird dieses Experiment Ihnen zu einer solideren Basis verhelfen, egal, wie Ihr Partner reagiert.

Regel Nr. 40

Achten Sie auf die Warnsignale

Wenn Sie sich an alle bisherigen Regeln dieses Kapitels gehalten haben und die Distanziertheit Ihres Partners für Sie immer noch ein Problem darstellt, sollten Sie den Kopf nicht in den Sand stecken. Es hilft nicht, ein Problem zu ignorieren, wenn Sie wissen, dass in Ihrer Beziehung etwas ernsthaft im Argen liegt. Wenn Sie sich in Zeiten wie diesen ausschließlich auf sich selbst konzentrieren oder Ihren Spaß haben wollen, schadet dies letztlich mehr, als es nützt. Sie müssen vielmehr ein Gespräch über Ihre Sorgen in Gang setzen, und zwar ohne Zorn und Schuldzuweisungen und ohne Ihren Partner besorgt zu mehr Zweisamkeit zu drängen, als er sich wünscht.

Wann signalisiert Distanz eine Gefahr? Ihr Partner weigert sich vielleicht, über einen wichtigen Aspekt Ihres Zusammenlebens zu sprechen, zum Beispiel darüber, wie Geld verwaltet und ausgegeben oder wie Aufgaben im Zusammenhang mit Haushalt und Kindern aufgeteilt werden. Vielleicht hat seine Distanziertheit auch ihre Ursache in einer Depression oder einem dysfunktionalen Verhalten wie einer Sucht. Möglicherweise äußert er plötzlich den Wunsch nach mehr Distanz, als Sie ertragen können; er will zum Beispiel für ein Jahr allein nach Indien gehen, um sich mit Yoga zu befassen. Die Distanziertheit könnte auch zu einer Blockadepolitik geworden sein und bedeuten, dass er sich im Grunde genommen aus der Beziehung verabschiedet hat und Sie ihn einfach nicht mehr erreichen können.

Es erfordert sowohl Klugheit als auch Intuition, um zu wissen, wann Sie sich mit der gegebenen Situation nicht mehr im

Reinen fühlen. Ist dies der Fall, sollten Sie unbedingt über Ihre Sorgen sprechen. Nehmen Sie die Unterhaltung immer wieder auf, ohne in den Verfolgermodus zu verfallen. Wenn sich nach einem angemessenen Zeitraum nichts ändert, ist es nötig, Ihre Grenze zu bestimmen. Die Regeln in Kapitel 8 werden Ihnen bei dieser schwierigen Aufgabe helfen.

Regel Nr. 41

Distanzsuchender, aufgewacht!

Die meisten Regeln dieses Kapitels wenden sich an den Nähesuchenden, der stärker leidet und somit motivierter ist, einen mutigen Wandel zu vollziehen. Wenn Sie in Ihrer Beziehung der Distanzsuchende sind, fühlen Sie sich vielleicht ziemlich wohl mit der Situation, wie sie ist. Oder genauer: Sie sind möglicherweise unglücklich in Ihrer Beziehung, doch auf einen Partner zuzugehen, der sich im Verfolgermodus befindet, fühlt sich an, als würde man vom Regen in die Traufe kommen.

Distanzsuchende ergreifen nur selten die Initiative, das Distanzsucher-Nähesucher-Muster zu durchbrechen, doch glauben Sie mir, es lohnt sich, die Ausnahme von der Regel zu sein. Vergessen Sie nicht, dass Ihre Distanziertheit zum Verfolgen ermutigt. Genau die Eigenschaften, die es Ihrer Meinung nach »unmöglich machen«, mit Ihrem Partner zu reden, haben vielleicht eine Menge damit zu tun, dass er das Gefühl hat, Sie nicht erreichen zu können. Er spürt vielleicht, dass seine Worte und sein Schmerz Sie nicht rühren und dass er für Sie nicht mehr die Nummer eins ist.

Denken Sie auch daran, dass Distanzsuche und Abblocken deutliche Anzeichen für eine Trennung sind. Vor allem viele Frauen, davon erschöpft, ihren Partner jahrelang zu bedrängen und sich ungehört zu fühlen, verabschieden sich plötzlich aus der Beziehung. Wenn der Distanzsuchende fürchtet, dass sein Partner ihn tatsächlich verlassen könnte, nimmt er vielleicht intensiv die Verfolgung auf. Dafür könnte es jedoch zu spät sein.

Im Folgenden sind fünf grundlegende Wege aufgeführt, Ihre Rolle als »Distanzsuchender« zu verändern.

1. *Nehmen Sie sich den nötigen Freiraum, ohne sich zu distanzieren.* Wenn Sie Freiraum brauchen, sollten Sie ihn sich auf eine Weise nehmen, die nicht den Verfolgerinstinkt Ihres Partners weckt. Es ist eine Sache, an einem geplanten Projekt in der Garage zu arbeiten, und eine andere, einfach in die Garage zu verschwinden, sobald Ihr Partner von der Arbeit nach Hause kommt. Seien Sie für ihn so erreichbar, wie Sie es auch für einen Topkunden oder einen sehr engen Freund wären.
2. *Gehen Sie auf Ihren Partner zu.* Lesen Sie noch einmal die Regeln für den Versuch, Schwung in die Sache zu bringen (Kapitel 1) und Ihr Zuhördefizitsyndrom zu überwinden (Kapitel 3). Schenken Sie Ihrem Partner Aufmerksamkeit, Wertschätzung und vollständige Präsenz. Suchen Sie bei ihm Rat wegen beruflicher oder familiärer Probleme, und würdigen Sie seine Meinung. Sagen Sie ihm, wie sehr Sie seinen Beitrag zu Ihrem Leben schätzen.
3. *Verpflichten Sie sich zu Fairness.* Sind die Hausarbeit und die Kinderbetreuung ungerecht aufgeteilt, sollten Sie herausfinden, wie die Sache sich fairer gestalten lässt. Achten Sie darauf, wann das Haus und die Kinder Aufmerksamkeit brauchen. Achten Sie darauf, wann die Wäsche der Kinder in der Waschmaschine verschimmelt. Ich kann gar nicht genug betonen, in wie vielen Fällen eine Beziehung damit steht und fällt, inwieweit die Arbeit innerhalb der Familie fair

aufgeteilt ist, und wie oft diese Ungleichheit den Nähesucher-Distanzsucher-Reigen auslöst.

4. *Stellen Sie sich Ihrem Partner.* Wenn es »zu schwierig« ist, mit ihm zu reden, sollten Sie ihn nicht abschreiben und den Schluss ziehen, dass Sie mit dem falschen Menschen zusammen sind. Sie sollten sich vielmehr mit ganzer Kraft für Ihre Beziehung einsetzen. Bitten Sie um bestimmte Verhaltensänderungen, die es Ihnen leichter machen, mit Ihrem Partner zu reden. Sagen Sie ihm, was Sie brauchen. Die meisten Nähesuchenden ziehen es vor, von einem starken Partner mit einer klaren Bitte um eine Verhaltensänderung als mit Schweigen konfrontiert zu werden. Eine konstruktive Beschwerde lässt den Partner wenigstens wissen, dass Ihnen die Verbesserung der Beziehung wichtig ist und Sie bereit sind, dafür zu kämpfen.
5. *Gebieten Sie der Verfolgung durch Technik Einhalt.* Wenn Sie das Gefühl haben, dass Ihr Partner Sie ständig mithilfe moderner Technologie verfolgt, lassen Sie Ihr Handy ausgeschaltet, während Sie einen Spaziergang machen oder sich mit einem Freund auf einen Kaffee treffen. Sagen Sie Ihrem Partner aber auf jeden Fall, wann Sie vorhaben, Ihr Handy ausgeschaltet zu lassen. Diejenigen von uns, die vor dem Zeitalter der Handys aufgewachsen sind, wissen, wie selten man tatsächlich eins dabeihaben muss.

Machen Sie sich schließlich bewusst, dass extremes Bedrängen wie extremes Distanzwahren gleichermaßen ein Zeichen für Probleme sind. Ja, eine nachdrückliche Warnung ist in

Ordnung. Sie müssen auf liebevolle Weise auf den Nähesuchenden zugehen *und* sich über Ihre Toleranzgrenze im Klaren sein. Wenn Sie ein Verhalten zulassen, das Ihnen die Luft nimmt oder andauernden Groll hinterlässt, wird es mit Ihrer Beziehung und Ihrem eigenen Wohlbefinden bergab gehen. Machen Sie also jetzt den Mund auf. Geben Sie Ihrer Beziehung eine Chance.

5

Kämpfen Sie mit fairen Mitteln

Sind Sie je am Ende eines anstrengenden Tages nach Hause gekommen und haben Ihren Unmut an Ihrem Partner ausgelassen? Natürlich haben Sie das. Es ist völlig normal, jede Art von Stress, den das Leben mit sich bringt, aufzunehmen und dann am Partner auszulassen. Wozu ist unser Partner schließlich da? Er steht einfach zur Verfügung und ist derjenige, bei dem man sich in der Regel am wenigsten »vorsieht«. Und natürlich wird er zwangsläufig etwas tun, was Sie provoziert, selbst wenn es nur darum geht, wie er den Löffel hält oder sich die Zähne mit Zahnseide reinigt.

Die Partnerbeziehung ist ein Blitzableiter, der Angst und Anspannung – vergangene und gegenwärtige – von jeder Quelle ansaugt. Ist sie auf solider Freundschaft und gegenseitigem Respekt gegründet, kann sie eine ganze Menge ungefilterter Emotionen tolerieren. Ein ordentlicher Streit kann die Atmosphäre reinigen, und es ist schön zu wissen, dass wir Konflikte überleben und sogar aus ihnen lernen können. Viele Paare sind jedoch in einer endlosen Folge von Streitigkeiten und Schuldzuweisungen gefangen und wissen nicht, wie sie aus diesem Kreislauf ausbrechen können. Wenn Auseinandersetzungen ungebremst ausgetragen werden und keine Versöhnung stattfindet, können sie schließlich die Liebe und den Respekt untergraben, die das Fundament jeder erfolgreichen Beziehung bilden.

Wut ist natürlich eine wichtige Gefühlsregung. Unsere Wut kann uns sagen, dass etwas nicht in Ordnung ist und dass wir um unser selbst willen eine Veränderung herbeiführen müssen. Doch ein Streit löst das Problem nicht, dem unsere Wut entspringt. Im Gegenteil: Ein ineffektiver Streit schützt die bestehende Beziehungsdynamik, statt sie zu durchbrechen. Wenn sich die Gemüter erhitzen, geht unsere Fähigkeit zu klarem Denken, Mitgefühl und kreativer Problemlösung flöten. Wir fokussieren uns übermäßig auf das, was unser Partner uns antut (oder nicht für uns tut), und zu wenig auf unsere eigenen kreativen Optionen, uns auf andere Weise in unserer Beziehung zu verhalten. Wir nutzen unsere »Wutenergie« für den Versuch, unseren Partner zu ändern – und im Endeffekt ändert sich rein gar nichts. Es ist schon erstaunlich, wie viele Paare ihr ureigenstes Muster schmerzlicher Konflikte genau beschreiben können, und gleichermaßen erstaunlich, wie viele einfach nicht wissen, wie sie es ändern sollen.

Die nachfolgenden Regeln können Ihnen helfen, flexibel und kreativ zu sein, statt in der Rolle des passiven oder »unterlegenen« Partners stecken zu bleiben. Sie geben Ihnen das Werkzeug an die Hand, um die Auseinandersetzungen und die negative Haltung aufzugeben, die Ihre Beziehung gefährden oder einfach einen ansonsten guten Tag ruinieren können.

Regel Nr. 42

Stellen Sie Ihre eigenen Regeln auf

Die erste Regel bei Beziehungskonflikten lautet, Regeln aufzustellen, wie Sie als Paar miteinander umgehen werden. Einigen Sie sich auf Regeln, an die Sie sich auch in der Hitze des Gefechts gebunden fühlen.

Wir verhalten uns oft so, als wäre unsere Wut ein Freibrief dafür, alles zu sagen oder zu tun, weil wir schließlich viel zu wütend sind, um das, was uns auf der Zunge liegt, zurückzuhalten. Selbstverständlich *können* wir uns bremsen und uns besser verhalten – das heißt, wenn wir die ehrliche Absicht haben, eine bessere Beziehung zu führen. Wenn Sie oder Ihr Partner nicht dazu in der Lage sind, Ihre Wut unter Kontrolle zu halten, sollten Sie unbedingt in Erwägung ziehen, professionelle Hilfe in Anspruch zu nehmen.

Es herrscht kein Mangel an Expertentipps, wie sich Konflikte in einer Beziehung fair austragen lassen. Ich schlage vor, dass Sie sich als Erstes mit Ihrem Partner zusammensetzen und ein paar eigene Regeln aufstellen.

Solche Regeln könnten beispielsweise lauten: »Nicht schreien oder beschimpfen«, »Während eines Streits keine früheren Kränkungen zur Sprache bringen« oder »Keine Probleme zur Schlafenszeit ansprechen«. Viele Paare finden es ausgesprochen hilfreich, ein schriftliches Exemplar der Regeln an einem Ort aufzubewahren, an dem beide sie täglich sehen können.

Glückliche Paare sind keine Paare, die nie streiten.

Glückliche Paare sind keine Paare, die nie streiten. Sie sind vielmehr Paare, die mit fairen Mitteln kämpfen und die Verantwortung für ihre Worte und ihr Handeln übernehmen, egal wie wütend sie auch sein mögen.

Regel Nr. 43

Legen Sie sich einen distinguierten britischen Hausgast zu

Die meisten Paare haben mehr Kontrolle über ihre Auseinandersetzungen, als sie glauben.

Vor Jahren erlebte ich ein dynamisches, berufstätiges Paar, das einander rund um die Uhr, sieben Tage die Woche verbal an die Kehle ging. Alles verwandelte sich in eine epische Schlacht – ob es dabei um Mahlzeiten, um Sex, die Planung eines Urlaubs, die Finanzen, das Anstreichen des Hauses, die Kindererziehung oder den Umgang mit den Schwiegereltern und Expartnern ging. Wenn die beiden stritten, stocherten sie immer wieder in alten Wunden herum, ohne je ein Problem zu lösen.

Bislang hatte ihnen nichts geholfen, ruhiger zu werden. Beide behaupteten, sie seien nicht in der Lage, ihr Temperament zu zügeln. Dann hatten sie mehrere Monate lang einen distinguierten britischen Professor als Hausgast, der in einem Gästezimmer neben ihrem Schlafzimmer wohnte. »Während dieser Zeit haben wir nie die Stimme erhoben«, erzählte mir die Ehefrau. »Wir sind sehr höflich miteinander umgegangen. Aus Stolz, vermute ich.« Die beiden stimmten darin überein, dass es die besten Monate ihrer Ehe waren.

Die meisten Paare haben mehr Kontrolle über ihre Auseinandersetzungen, als sie glauben.

Ich wünschte, ich hätte einen distinguierten britischen Hausgast, den ich meinen streitsüchtigen Klienten ausleihen könnte. Aber vielleicht wäre es eine nützliche Übung, sich vorzustellen, dass Sie selbst über einen verfügen. Wie das oben beschriebene Paar würden Sie vielleicht lernen, dass auch Sie in der Lage sind, Ihr Verhalten zu ändern. Es ist lediglich eine Frage der Motivation.

Regel Nr. 44

Beenden Sie den Streit

Sie werden eine bessere Beziehung führen, wenn Sie sich ernsthaft bemühen, Ihre Auseinandersetzungen und Ihre negative Haltung nicht eskalieren zu lassen. Statt darauf zu warten, dass Ihr Partner das Richtige tut, können Sie als Erster mit Humor oder Besonnenheit reagieren, um einen sich zuspitzenden Streit zu deeskalieren.

John Gottman verwendet den Begriff »Reparaturversuche« für jede Aussage oder Handlung – ob albern oder nicht –, mit der dies erreicht wird. Er zeigt dies am Beispiel eines Paares auf, das sich darüber streitet, ob es einen Jeep oder einen Kleinbus kaufen soll, wobei der Konflikt so eskaliert, dass die Lautstärke immer mehr zunimmt. Plötzlich kommt die Ehefrau auf die Idee, den vierjährigen Sohn nachzuahmen und die Zunge herauszustrecken, wobei es dem Ehemann, der ahnt, dass sie dies tun wird, jedoch gelingt, die Zunge noch vor ihr herauszustrecken. Die Spannung löst sich auf, als beide in Lachen ausbrechen.

Diese Strategie mag albern klingen, doch Gottmans Erfahrung zeigt, dass die Unfähigkeit, einen »Reparaturversuch« zu starten – oder die Unfähigkeit, auf den »Reparaturversuch« des Partners zu *reagieren* und ihm einen eleganten Ausstieg aus einem Streit zu ermöglichen –, ein Warnsignal dafür ist, dass die Beziehung ernsthaft in Gefahr ist.

Natürlich wünschen wir uns, dass unser Partner als Erster nachgibt, vor allem, wenn wir davon überzeugt sind, dass er »angefangen hat« und dass ihn die Schuld trifft. Wir übersehen die Tatsache, dass der wahre Sieg darin besteht, den Streit zu beenden und unseren Standpunkt zu einem späteren Zeitpunkt deutlich zu machen, wenn die Gemüter sich beruhigt haben. Es spielt keine Rolle, ob Sie es mit Humor versuchen, eine Berührung wagen oder sich einfach weigern, weiter mitzumachen, indem Sie beispielsweise sagen: »Wenn du möchtest, dass ich dir zuhöre, dann gib deine Streithaltung auf.« Die »Reparaturversuche«, die Sie unternehmen, um den Ton (oder die Lautstärke) einer zunehmend unschönen Meinungsverschiedenheit zu verändern, können auf lange Sicht Ihre Beziehung retten und stärken.

Regel Nr. 45

Akzeptieren Sie das Friedensangebot

Wenn Ihr Partner die Initiative zur Deeskalation ergreift, sollten Sie Ihr Bestes geben und das Angebot annehmen, den Streit zu beenden oder die Nähe wiederherzustellen.

Zu Beginn unserer Ehe haben Steve und ich uns oft gestritten und sind schließlich immer wütend in getrennte Zimmer davongestapft. Normalerweise habe ich mich etwa fünf Minuten lang aufgeregt und bin dann zu ihm gegangen. »Es tut mir wirklich leid«, sagte ich. »Ich entschuldige mich für meinen Anteil an diesem Streit.« In den meisten Fällen akzeptierte Steve meine Entschuldigung nicht, weil ich seiner Meinung nach nicht ausreichend über mein Verhalten nachgedacht hatte und einfach nur so weitermachen wollte, als sei nichts geschehen.

Dies aber führt normalerweise nicht zur Deeskalation, sondern zur Fortführung der Auseinandersetzung. Einer der Partner weigert sich, eine Geste der Versöhnung zu akzeptieren, weil sie sich nicht authentisch anfühlt oder den anderen aus der Verantwortung nimmt. Natürlich bin ich, wenn Steve sich so verhielt, wieder wütend davongestapft.

> Eine Auseinandersetzung beenden kann einer allein. Doch es gehören immer zwei dazu, die verlorengegangene Nähe wiederherzustellen.

Schließlich fand ich einen besseren Weg, mit derlei Situationen umzugehen. Wenn Steve meine Entschuldigung zurückwies, sagte ich: »Okay, ich werde gründlicher über meinen Anteil an diesem Streit nachdenken. Und ich werde darauf warten, dass *du* auf mich zukommst, wenn *du* bereit bist zu reden.« Interessanterweise dauerte es nicht lange, bis Steve tatsächlich auf mich zukam und die Initiative zur Versöhnung ergriff. Er sagte dann: »Das ist doch albern. Vergessen wir es einfach.« Oder: »Lass uns ein andermal darüber reden.« Kurz gesagt: Steve hatte Probleme, meinen anfänglichen »Reparaturversuch« zu akzeptieren. Nachdem er mich hatte abblitzen lassen, fiel es ihm jedoch leicht, mir ein Friedensangebot zu machen, und mir, es zu akzeptieren. »Reparaturversuch« geglückt!

Einen Streit beenden oder seine Teilnahme daran verweigern kann einer allein. Doch es gehören immer zwei dazu, die verlorengegangene Nähe wiederherzustellen. Idealerweise sollten Sie sowohl daran arbeiten, das Friedensangebot zu machen, als auch, es zu akzeptieren – egal in welcher Form es Ihnen unterbreitet wird. Doch wenn einer von Ihnen gut darin ist, es zu machen, und der andere, es zu akzeptieren, kann es auch so funktionieren.

Ein Friedensangebot zu akzeptieren heißt nicht, dass Sie nicht weiter über ein schmerzliches Thema reden müssen. Und es bedeutet auch nicht, dass Sie Ihrem Partner vergeben müssen, wenn er Sie getäuscht, betrogen oder unfair behandelt hat. »Es tut mir leid, bitte verzeih mir«, reicht nicht aus, wenn in Ihrer Beziehung ein schwerer Schaden angerichtet wurde. Das Friedensangebot zu akzeptieren heißt einfach, dass Sie damit einverstanden sind, einen Konflikt zu beenden und mit Wohlwollen an der Sache weiterzuarbeiten. Auf diese Weise eröffnen Sie die Möglichkeit zu späteren Gesprächen über genau das Thema, das Sie nach wie vor wütend macht.

Regel Nr. 46

»Lass mich in Ruhe!« heißt »Lass mich in Ruhe!«

Idealerweise können Partner einen eskalierenden Streit beenden, bevor sie die Kontrolle verlieren. Im wirklichen Leben kann alles ganz schnell von null auf hundert gehen, bevor einer der Beteiligten merkt, dass er sich früher aus der Unterhaltung hätte ausklinken sollen. Wenn ein Streit zu einem Schreiduell ausartet oder einen der Partner stärker mitnimmt, als er ertragen kann, sollten Sie die Interaktion sofort abbrechen.

Wenn Ihr Partner sagt »Lass mich in Ruhe«, sollten Sie darauf hören. Scheint er nicht allzu verärgert zu sein, können Sie ihn noch ein letztes Mal zur Fortsetzung des Gesprächs ermutigen. (»Es tut mir leid, dass ich unausstehlich war. Können wir es trotzdem noch mal versuchen? Ich verspreche auch, nicht laut zu werden.«) Will Ihr Partner aber immer noch in Ruhe gelassen werden, zwingen Sie sich dazu, diesen Wunsch zu akzeptieren. Das bedeutet, ihm nicht in ein anderes Zimmer zu folgen, keine Zettelchen unter der Tür durchzuschieben, ihn nicht anzurufen oder ihm eine SMS zu schicken und der Unterhaltung kein weiteres Wort hinzuzufügen, bis Sie sich beide wieder beruhigt haben.

> Wenn ein Streit einen bestimmten Grad an Intensität erreicht hat, gelten keine Regeln außer dieser.

Wenn ein Streit einen bestimmten Grad an Intensität erreicht hat, gelten keine Regeln außer dieser. Selbst Ihrem Partner mit der Absicht hinterherzugehen, Ihren Standpunkt zu klären oder sich zu entschuldigen, ist kontraproduktiv, wenn er seine Grenze erreicht hat.

Derjenige, der den Streit beendet hat, sollte die Initiative ergreifen, innerhalb von 24 Stunden auf das Thema zurückzukommen, es sei denn, es ging um ein wirklich kleines und lächerliches Problem. Stopp-Regeln (»Lass mich in Ruhe!«) funktionieren nur dann gut, wenn beide Parteien wissen, dass sie die Unterhaltung zu einem späteren Zeitpunkt wiederaufnehmen können.

Regel Nr. 47

Respektieren Sie die Verletzlichkeit Ihres Partners

Viele unserer hartnäckigsten Auseinandersetzungen entstehen, wenn einer der Partner die Verletzlichkeit des anderen nicht anerkennt. Es ist wichtig, mehr über die Verletzlichkeiten und Empfindlichkeiten, die normalerweise ihre Wurzeln in der Herkunftsfamilie haben, oder andere schmerzliche Ereignisse im Leben Ihres Partners in Erfahrung zu bringen, die er – wie jeder andere – nicht einfach »verwinden« kann. Vielleicht kann er es nicht ertragen, missverstanden, als Ignorant behandelt oder auf bestimmte Weise berührt zu werden. Sie können Ihre eigene Liste erstellen.

Versuchen Sie nicht, Ihrem Partner seine Verletzlichkeiten auszureden (unmöglich!) oder ihm zu beweisen, dass er überempfindlich ist (was die Sache nur noch schlimmer macht!). Versuchen Sie stattdessen, im Lauf der Zeit Ihr Wissen über ihn zu vertiefen. Lernen Sie mehr über die Familie, in der er aufwuchs, indem Sie ihn dazu animieren, Geschichten über Gutes, Schlechtes und Entsetzliches aus jener Zeit zu erzählen, und, wenn möglich, seine Familienangehörigen kennenlernen. Derart intimes Wissen festigt Ihre Bindung und kann Ihnen helfen, auf Empfindlichkeiten Rücksicht zu nehmen.

Die Finanzplanerin Alicia, die bei mir in Therapie war, erzählte mir, dass sie und ihre Partnerin Mary sich jedes Mal stritten, wenn sie eine Party oder ein geselliges Beisammensein verließen. »Mary behauptet, dass ich jedem, außer ihr, Aufmerksamkeit schenke«, sagte Alicia. »Ich *lebe* mit Mary!

Natürlich möchte ich mich mit Leuten unterhalten, die ich nur selten sehe. Sie ist völlig unlogisch. Das hat offensichtlich alles mit Marys Familie zu tun, in der sie immer die unsichtbare Außenseiterin war.«

Alicias Interpretation mag richtig sein. Es hat nichts mit Logik zu tun, wie Partner in festen Beziehungen aufeinander reagieren. Jeder bringt seinen Schmerz und seine ungelösten Sehnsüchte aus seiner Herkunftsfamilie mit in die Partnerschaft. Wir alle reagieren aufgrund unserer Vergangenheit übertrieben auf einige der Charaktereigenschaften und Verhaltensweisen unseres Partners. Wenn Mary in ihrer Herkunftsfamilie die unsichtbare Außenseiterin war, wünscht sie sich natürlich, dass Alicia sie wirklich *sieht* und beachtet.

Die Therapie half Alicia, sich nicht mehr darauf zu versteifen, dass Marys Erwartungen unvernünftig wären. Wie sich zeigte, war es für Alicia gar nicht so schwer, sich auf Partys mit ihren Freunden zu unterhalten *und* Mary Aufmerksamkeit zu schenken. Sie setzte sich eine Weile neben sie aufs Sofa, um sie in eine oder zwei ihrer anderen Gespräche mit einzubeziehen und ihr auf eine Weise, die Mary zu schätzen wusste, ihre Zuneigung zu zeigen.

Ich will damit keinesfalls sagen, dass Sie unvernünftigen Forderungen auf Ihre Kosten nachgeben sollen. Sondern es geht mir darum, dass Sie die Beschwerden Ihres Partners aus einer umfassenderen Perspektive betrachten und großzügig auf seine Verletzlichkeiten Rücksicht nehmen. Menschen gehen eine Beziehung mit der großen (normalerweise unbewussten) Sehnsucht ein, dass der Partner sich um ihre Wunden kümmern und kein Salz hineinstreuen wird.

Regel Nr. 48

Entschuldigen Sie sich

Eine echte Entschuldigung anzubieten, wenn eine Entschuldigung fällig ist, kann viel dazu beitragen, nach einem Streit die verlorengegangene Nähe wiederherzustellen. Sie kann uns auch unsere Integrität und unser Wohlbefinden wiedergeben, wenn wir glauben, etwas falsch gemacht zu haben. Es ist wichtig zu wissen, dass wir Fehler machen, uns mies verhalten und anschließend eine Aussöhnung herbeiführen können.

Eine echte Entschuldigung muss aufrichtig sein und darf nicht einfach als Mittel dienen, sich schnell aus einer misslichen Lage oder einem Streit herauszulavieren. Es nützt auch nichts, sich mit einer überschwänglichen Geste zu entschuldigen und dann weiterhin genau das Verhalten an den Tag zu legen, für das Sie sich entschuldigen, egal ob es darum geht, dass Sie zu spät von der Arbeit nach Hause gekommen oder Ihrem Partner in einer Unterhaltung keinen Raum gelassen haben. Leidenschaftliche Reuebekundungen sind nichts als heiße Luft, wenn Sie sich nicht ernsthaft darum bemühen, dass sich die Sache nicht wiederholt.

Entschuldigen Sie sich nicht mit einem »Aber« (»Es tut mir leid, aber du …«). Ein »Aber« macht eine Entschuldigung automatisch zunichte und leitet fast immer eine Kritik oder Ausrede ein. Und entschuldigen Sie sich nicht auf eine Art, die den Fokus von Ihrem Handeln auf die Reaktion Ihres Partners verlagert (»Es tut mir leid, dass du dich durch das, was ich gestern Abend gesagt habe, verletzt gefühlt hast«). Gestehen

Sie Ihr eigenes Fehlverhalten ein, und entschuldigen Sie sich dafür – Punkt.

Es erfordert Mut, unsere Rolle in einer negativen Interaktion klar zu erkennen und die Verantwortung dafür zu übernehmen. Halten Sie sich nicht mit der Frage auf, »wer angefangen hat«, und ergehen Sie sich nicht in Schuldzuweisungen. Manchmal verfliegen Wut und Groll, wenn einer der Partner einfach sagt: »Ich möchte mich für meinen Anteil an unserem Streit entschuldigen.« Die Bereitschaft, sich zu entschuldigen, ist oft ansteckend. Sie führt dem anderen vor Augen, was Reife bedeutet, und verbessert Ihre Fähigkeit, als Partner zusammenzuarbeiten.

Regel Nr. 49

Verlangen Sie keine Entschuldigung

Wenn Sie mit jemandem in einer Beziehung leben, der sich nicht entschuldigt, wird es nicht helfen, beharrlich eine Entschuldigung zu verlangen. Versuchen Sie stattdessen zu verstehen, dass einige Menschen keine aufrichtige, von Herzen kommende Entschuldigung anbieten können oder wollen, selbst wenn Sie eine solche verdienen. Sie werden sich nicht an die vorangehende Regel halten, auch nicht, wenn Sie sie aufschreiben und an den Badezimmerspiegel kleben.

Es gibt viele Gründe dafür, warum Menschen sich nicht entschuldigen können. Ihr Partner könnte zum Beispiel ein Perfektionist sein, der so streng mit sich ist, dass er nicht über den emotionalen Freiraum verfügt, sich zu entschuldigen. Oder er empfindet zu große Scham, um zu sagen: »Es tut mir leid.« Es erfordert ein gerüttelt Maß an Selbstwertgefühl, die eigenen wenig ehrenwerten Verhaltensweisen deutlich zu sehen und sich für sie zu entschuldigen.

Vielleicht ist der Akt der Entschuldigung aufgrund der Erfahrungen Ihres Partners in seiner Herkunftsfamilie auch emotional zu stark belastet. Einer meiner Klienten, der sich weder bei seiner Frau noch seinen Kindern entschuldigte, erklärte mir: »Meine Eltern haben mich ständig dazu gedrängt, mich bei meinem Bruder zu entschuldigen, und sind immer davon ausgegangen, dass alles meine Schuld wäre.« Seine Eltern sagten stets: »Du entschuldigst dich jetzt sofort bei deinem Bruder!« Und dann: »Das war keine *richtige* Entschuldigung. Sag es jetzt so, als würdest du es auch so meinen!« Er fand diese Prozedur so erniedrigend, dass seine Lösung darin bestand, sich als Erwachsener niemals zu entschuldigen. Wenn seine Frau jedoch auf einer Entschuldigung beharrte, zog er sich in Schweigen zurück oder murmelte »Tut mir leid«, um seine Ruhe zu haben.

Kaum jemandem fällt es leicht, sich zu entschuldigen, wenn er sich »zu Unrecht beschuldigt« fühlt, das heißt, dazu gedrängt wird, mehr als seinen gerechten Anteil an Schuld auf sich zu nehmen. Wie einer meiner Klienten sagte: »Wenn meine Frau mich kritisiert, will ich mich nicht entschuldigen, weil ich das Gefühl habe, dass ich den Kopf hinhalte. Wenn ich mich entschuldige, ist das so, als würde ich ihr zustimmen, dass ich das ganze Problem bin. Und das ist einfach nicht wahr.« Wenn Ihr Partner die Erfahrung macht, dass eine Entschuldigung ein pauschales Schuldeingeständnis ist, wird er Ihnen keine anbieten.

Bitten Sie Ihren Partner um eine Entschuldigung, wenn Sie sie für fällig halten. Geben Sie ihm zu verstehen, wie wichtig eine Entschuldigung für Sie ist, indem Sie immer mal wieder mit ihm darüber sprechen. Bringen Sie mehr darüber in Erfahrung, warum er sich nicht entschuldigen kann. Aber machen Sie kein Tauziehen daraus. Ein Mensch, der sich nicht entschuldigen kann, versucht vielleicht auf nonverbale Weise, Spannungen abzubauen, sich nach einem Streit zu versöhnen oder Ihnen zu zeigen, dass er wieder auf Sie zukommen möchte.

Regel Nr. 50

Seien Sie flexibel: Verändern Sie sich für Ihren Partner

Wie in meinem Buch *Wohin mit meiner Wut?* und an anderer Stelle bereits erwähnt, ist es unmöglich, einen Menschen zu ändern, der sich nicht ändern will. Richtig ist aber auch, dass sich Menschen, die sich erfolgreich zusammentun, ständig füreinander ändern. Wenn sich zum Beispiel zwei beste Freunde einigen, fair miteinander umzugehen und ihr Zusammenwohnen reibungsloser zu gestalten, warum sollten wir dann nicht das Gleiche für unseren Lebensgefährten tun?

Mein Mann Steve ist ein ziemlich gutes Beispiel für Flexibilität. Möchte ich, dass er etwas ändert, dann tut er das normalerweise, ob es nun darum geht, ein anderes Hemd anzuziehen oder andere Musik aufzulegen. Wenn ich etwas unbedingt will – sagen wir, sehr früh am Flughafen und zu einem Treffen in einem Restaurant auf die Minute pünktlich sein –, dann passt Steve sich an. Kritisiere ich ihn in scharfem Ton, wenn ich mich gerade mit Problemen herumschlage, berücksichtigt er meine Situation und lässt mein grässliches Benehmen an sich abprallen.

Genauso entscheidend ist, dass Steve sich nicht anpasst, wenn es um wirklich wichtige Dinge geht. Er ist keinesfalls ein lascher Typ. Doch meine Zufriedenheit und der Ton unserer Beziehung zählen für ihn einfach mehr als eine Menge kleiner Dinge, die ihm eigentlich nicht viel bedeuten. Aufgrund seiner großen Flexibilität fällt es mir leichter, selbst flexibel zu sein, wenn er dann mal auf seiner Meinung beharrt.

Frauen gibt man seit alters her den Rat, ihrem Mann zu Gefallen zu sein – und das unter großen persönlichen Opfern –, statt für Unruhe in ihrer Ehe zu sorgen. Und viele Männer passen sich zu leicht an, weil sie Konflikten aus dem Weg gehen. Verwechseln Sie Flexibilität (geboren aus Stärke und einer hohen Selbstachtung) nicht mit Unterordnung (geboren aus Angst und einer geringen Selbstachtung). Zu viele von uns weigern sich, bei nebensächlichen Dingen nachzugeben, weil sie glauben, es wäre ein Zeichen von Schwäche, so als wäre die Beziehung eine Art Wettkampf, den zu verlieren sie sich nicht leisten können. Sie können jeden Athleten fragen (oder jeden Grashalm, wenn Sie einen finden, der redet): In der Regel triumphiert Flexibilität über schiere Kraft.

Regel Nr. 51

Drohen Sie nicht mit Trennung

Drohen Sie in der Hitze des Gefechts nicht mit einer Trennung, denn das ist weder hilfreich noch fair. Ebenso sollten Sie nicht in dem Versuch, Ihrem Partner Angst zu machen oder ihn wachzurütteln, das Thema Scheidung zur Sprache bringen. Und es ist erst recht nicht nötig, das Thema Trennung zu erwähnen, nur weil es Ihnen hin und wieder durch den Kopf geht. Viele Verheiratete haben Fantasien über eine Scheidung, sind jedoch weit davon entfernt, den Gedanken in die Tat umzusetzen. Nur wenige Dinge schaden einem Paar mehr, als dem Partner mitzuteilen, dass man mit einem Fuß noch in der Beziehung, mit dem anderen aber schon zur Tür hinaus ist.

Davon abgesehen ist es natürlich sehr wichtig, dass Sie mit Ihrem Partner über eine Trennung sprechen, wenn Sie – auch mit zwiespältigen Gefühlen – *ernsthaft* darüber nachdenken. Es ist niederschmetternd, verlassen zu werden, und noch weitaus niederschmetternder, wenn es einen »wie aus heiterem Himmel« trifft. Wir schulden es unserem Partner, ihm deutlich zu sagen, dass wir uns fragen, ob wir die Beziehung noch aufrechterhalten können, wenn sich bestimmte Dinge nicht ändern. Vergessen Sie jedoch nicht, dass Trennung ein ernstes Thema ist, über das man am besten in ruhigen Zeiten spricht, und nicht einfach ein Wort, das man dem anderen im Zorn an den Kopf wirft.

Sehr wichtig ist, eine Beziehung als etwas Langfristiges zu verstehen und die Zuversicht zu haben, dass sie harte Zeiten, die es zweifellos geben wird, überstehen kann. Beide Partner müssen wissen, dass eine Beziehung sehr viel Stress und sehr viele Konflikte überleben kann, ohne dass die langfristige Bindung ständig in Gefahr ist. Tatsächlich wird eine Scheidung oder Trennung viel wahrscheinlicher, wenn Sie wiederholt damit drohen.

Regel Nr. 52

Sie können ausrasten – aber nur ganz, ganz selten

Es gibt Zeiten, in denen Sie die Abwehrhaltung Ihres Partners durchbrechen und ihn erreichen können, wenn Sie Ihrem Schmerz und Ihrer Wut auf ungezügelte Art und Weise Ausdruck verleihen. Wichtiger Zusatz: Dies wird allerdings nur gelingen, wenn Ihr Ausbruch für Sie beide eine große Überraschung ist, das heißt eine Seltenheit und nicht die Regel.

Kathy, eine meiner Klientinnen, fand heraus, dass ihr Mann eine emotionale Affäre mit einer seiner Hochschulstudentinnen hatte. Aus irgendeinem Grund heraus schaute sie in seinen E-Mail-»Papierkorb«, wo sie seine provozierenden, ziemlich eindeutigen Botschaften fand. So hatte er etwa geschrieben: »Ich habe es nicht gewagt, dich zu umarmen, als du am Montag mein Büro verlassen hast, weil ich Angst hatte, es nicht dabei belassen zu können.« Wie es schien, hatten die beiden (noch) keinen Sex gehabt.

Meine Klientin stellte ihren Mann sofort zur Rede, und sie beide führten endlose Gespräche über die Situation. Kathy sagte alles so, wie es normalerweise von Therapeuten empfohlen wird, und brachte die ganze Bandbreite an Gefühlen zum Ausdruck, die die entdeckten E-Mails bei ihr hervorgerufen hatten. Sie nahm einen klaren Standpunkt ein, was sie von ihrem Mann erwartete und wie viel er riskierte, wenn er den Flirt nicht beendete. Wahrscheinlich sagte sie alles, was es zu sagen gab.

Kathy war selbst Therapeutin und redete wie eine. Sie fand es wichtig, ihren Standpunkt ruhig zu vertreten, die »Ich«-Sprache zu verwenden und einen gefassten Ton zu wahren, damit ihre Botschaft auch ganz sicher gehört wurde. Das Problem war, dass Kathy fast immer auf diese Art redete, denn sie war von Natur aus ein sehr zurückhaltender Mensch.

Aber eines Abends rastete Kathy im Schlafzimmer einfach aus und schrie ihren Mann wegen der Hochschulstudentin an. »Ich habe so geschrien, dass mir hinterher die Stimmbänder wehtaten«, erzählte sie mir. »Ich hatte richtig Angst, ich hätte sie kaputtgemacht.«

Nachdem sie etwa eine Minute lang geschrien hatte, warf sie sich auf den Boden ihres kleinen Schlafzimmerwandschranks und schluchzte hemmungslos. Auf die Bitten ihres Mannes, herauszukommen oder wenigstens die Schranktür zu öffnen, ging sie nicht ein. Sie schlief in jener Nacht in einem anderen Zimmer.

Dieser Vorfall rüttelte Kathys Mann auf eine Weise auf, wie es alle vorherigen Unterhaltungen nicht vermocht hatten. Die Heftigkeit ihrer emotionalen Reaktion öffnete sein Herz auf eine Weise, wie es die ruhige »Ich«-Sprache und die »gelungene Kommunikation« seiner Frau nicht geschafft hatten. »Auszurasten«, wie Kathy es nannte, erwies sich als gut, und vielleicht wichtiger noch: als unvermeidlich.

Ein heftiger Gefühlsausbruch kann Ihren Partner auf einer tieferen Ebene erreichen.

Ich will damit nicht sagen, dass Sie das »Ausrasten« planen sollten. In den vier Jahrzehnten meiner Ehe bin ich vielleicht drei- oder viermal auf diese Weise ausgerastet, und ganz sicher nicht vorsätzlich. Es gibt jedoch eine Ausnahme von jeder Regel gelungener Kommunikation. Wenn das »Ausrasten« ein sehr seltenes und überraschendes Abweichen von Ihrem normalen Verhalten in Auseinandersetzungen ist – und den anderen nicht verletzt –, kann so ein heftiger Gefühlsausbruch Ihren Partner auf einer tieferen Ebene erreichen.

Regel Nr. 53

Hüten Sie sich vor den vier apokalyptischen Reitern!

Wenn Paare sich ständig streiten und eine negative Haltung an den Tag legen, erzähle ich ihnen manchmal von John Gottmans Forschung über »die vier apokalyptischen Reiter«. Hierbei handelt es sich um die Einstellungen und Verhaltensweisen, die eine Beziehung untergraben und letztlich zerstören können. Natürlich tauchen diese niederträchtigen Reiter in den besten Beziehungen auf. Doch wenn sie sich auf Dauer in einer Partnerschaft einrichten – und es den Paaren nicht gelingt, den Schaden zu reparieren –, so kann Gottman, wie er berichtet, mit einer Genauigkeitsrate von über 90 Prozent eine Trennung vorhersagen.

Lesen Sie die folgende kurze Zusammenfassung von Gottmans Ausführungen über die vier apokalyptischen Reiter. Mithilfe einer Anleitung zur Trennung können Sie sich darüber klarwerden, ob Sie eine solche wünschen – oder doch lieber das Gegenteil tun und eine bessere Beziehung aufbauen wollen.

Apokalpytischer Reiter Nr. 1: Kritik

Eine Kritik ist ein persönlicher Angriff auf einen bestimmten Aspekt des Charakters oder der Persönlichkeit Ihres Partners. Sie unterscheidet sich von einer konstruktiven Beschwerde, mit der man eine bestimmte Handlung anspricht. Eine Kritik könnte zum Beispiel so lauten: »Wie kann man nur so faul sein?«

Apokalpytischer Reiter Nr. 2: Verachtung

Verachtung kann auf vielfältige Weise vermittelt werden, einschließlich Beschimpfen, höhnischem Grinsen, Augenrollen, Spott, feindlichem Humor und Sarkasmus – jeder gemeine oder kleinliche Versuch, den anderen herunterzumachen. Sie beschwert sich zum Beispiel darüber, dass er zu spät zum Essen kommt, und er blafft sie an: »Was wirst du tun, mich verklagen?«

Apokalpytischer Reiter Nr. 3: Abwehr

Abwehr ist eine Art zu sagen: »Nicht ich bin das Problem, sondern *du.*« Angesichts einer Beschwerde greift ein abwehrender Partner zu folgenden Mitteln: Er führt Gegenargumente ins Feld, geht zum Gegenangriff über, bringt die Fehler des anderen zur Sprache und gibt sich moralisch überlegen.

Apokalpytischer Reiter Nr. 4: Mauern

Mauern bedeutet, dass einer der Partner dem anderen nicht mehr zuhört und sich aus der Beziehung zurückzieht. Er wendet sich von seinem Lebensgefährten ab, sitzt teilnahmslos und völlig ungerührt da, verlässt den Raum oder gibt zu verstehen, dass es ihm völlig egal ist, was der andere zu sagen hat. Gottman berichtet, dass Menschen mauern, um sich davor zu schützen, emotional überflutet zu werden, und dass Männer eher zu diesem Verhalten neigen als Frauen.

Ein wichtiger Nachtrag: Wenn ein Paar erfolgreiche »Reparaturversuche« unternimmt und sich an positive und negative Aussagen im Verhältnis 5:1 hält (siehe Regel 4), sind die vier apokalpytischen Reiter laut Gottman nicht unbedingt tödlich für die Beziehung. Dennoch, das beste Mittel ist Vorbeugung: Wenn diese Schurken an die Tür klopfen, lassen Sie sie gar nicht erst rein.

6

Vergessen Sie »normalen« Sex

Eine Karikatur zeigt zwei Vögel, die auf einem Ast hocken. Der eine sagt zu dem anderen: »Um ehrlich zu sein, ich glaube nicht, dass ich so viel fliege, wie ich sollte.«

Armer Vogel. Fliegen ist ein normaler Prozess. Doch dieser Vogel denkt, dass er nicht ganz auf der Höhe ist. Vielleicht hat er den neuesten Bestseller mit dem Titel *»Vögel, die rund um die Uhr fliegen«* gekauft und das Herz wurde ihm schwer, als er las, wie unzulänglich er war. Vielleicht wurde die Botschaft in diesem Vogelverbesserungs-Buch dergestalt vermittelt, dass »die Forschung zeigt«, »die Gehirnwissenschaft beweist«, »die Natur vorsieht« oder »Gott möchte«. Wie kann ein normaler kleiner Vogel solch ehrfurchtgebietende Autoritäten infrage stellen? Irgendetwas kann mit ihm einfach nicht stimmen.

Die Klienten, die zu mir in die Therapie kommen, ähneln diesem Vogel sehr stark. Sie glauben, dass mit ihnen etwas nicht stimmt – oder mit ihrer Beziehung –, weil sie nicht so oft Sex haben, wie sie meinen haben zu müssen. Wenn sie sich keine Sorgen wegen der Häufigkeit machen, dann vielleicht wegen ihrer Leistung, ihrem »Werkzeug«, ihrem Mangel an Verlangen oder Attraktivität oder der Tatsache, dass sie an den meisten Abenden lieber eine Fußmassage von ihrem Partner bekommen würden, als »es zu tun«.

Natürlich ist Sex lange nicht so natürlich, normal oder leicht für unsere Spezies wie das Fliegen für die Vögel. Unzählige, von der Kindheit an wirkende Kräfte können ein authentisches Verlangen blockieren und dafür sorgen, dass unsere Sexualität mit Unbehagen, Angst, Scham und Verwirrung besetzt ist. Die Wahrheit ist, dass unser erotisches Leben so einzigartig ist wie unser Fingerabdruck. Es ist etwas, was jeder Einzelne für sich auf seinem Weg durchs Leben ergründen muss.

Menschen sind ängstlich und verletzlich, wenn es darum geht, ihren Körper zu zeigen, und dies ist eine besonders schwierige Herausforderung in der Beziehung. Trotz der Sicherheit, die uns eine Partnerschaft vermitteln kann, ist es nicht leicht, »guten Sex« (was immer das bedeuten mag) mit dem Menschen zu haben, mit dem man jahrein, jahraus zusammenlebt. Die unzähligen Bücher und Produkte auf dem Markt, die versprechen, die Leidenschaft in unserem Sexleben wieder zu entfachen, lassen uns mit einem schlechteren Gefühl denn je zurück, wenn es nicht funktioniert. Und wenn der Nähesucher-Distanzsucher-Reigen im Schlafzimmer stattfindet, kann er in eine so schmerzliche Sackgasse führen, dass es sowohl dem Nähesuchenden (der den Sex zu initiieren versucht) als auch dem Distanzsuchenden (der daran nicht interessiert ist) davor graut, abends ins Bett zu gehen.

Ich hoffe, dass die folgenden Regeln Ihnen helfen werden, die Sexpolizei zu feuern, vor allem diejenigen ihrer Vertreter, die ihr Revier in Ihrem Kopf eingerichtet haben. Möglicherweise helfen diese Regeln Ihnen auch, ein festgefahrenes Muster im Bett zu durchbrechen. Sollten Sie sich nach der

Lektüre irgendeiner dieser Regeln »down« fühlen, dann ignorieren Sie sie. Wenn es um Regeln geht, die Ihren eigenen Körper und die Art der intimen Beziehung mit Ihrem Partner betreffen, sind Sie der Experte schlechthin.

Regel Nr. 54

Sagen Sie nicht »Vorspiel«

Der Begriff »Vorspiel« ist problematisch. Streichen Sie das Wort also aus Ihrem Sexvokabular. Dieses Wort legt nahe, dass alles, was Sie – abgesehen vom Geschlechtsverkehr oder Orgasmus – tun, nicht das ist, worum es geht, sondern lediglich eine Vorbereitung auf das »einzig Wahre«.

An wem ist es zu definieren, was das einzig Wahre ist? Der Sexualtherapeut Marty Klein meint hierzu Folgendes: Stellen Sie sich vor, Sie und Ihr Partner gehen in ein fantastisches Restaurant, das für seine köstlichen Desserts bekannt ist. Sie genießen beide in vollen Zügen die Vorspeise, der Salat ist sehr gut und das Hauptgericht vorzüglich. Als Sie jedoch das Dessert bestellen wollen, sagt der Kellner Ihnen, dass es leider keins mehr gibt. Sie sehen einander bitter enttäuscht, mit gesunkenem Selbstwertgefühl und dem Eindruck an, völlig versagt zu haben. Sie hatten gedacht, Sie würden das Essen und einander genießen, erkennen jetzt aber, dass das Erlebnis unvollkommen war. Deprimiert kehren Sie nach Hause zurück. So ist es laut Klein, wenn Menschen ihre sexuelle Erfahrung danach beurteilen, was am Ende passiert (oder nicht passiert).

Umfragen zum Thema Sex wollen von den Leuten wissen, wie oft sie »es tun«, ohne die Vielschichtigkeit körperlicher Intimität oder erotischen Vergnügens zu berücksichtigen. Einige Menschen kommen sehr schnell zum Orgasmus, haben jedoch auf mechanische oder unpersönliche Weise Sex. Andere erleben vielleicht nur selten einen Orgasmus oder haben eine Abneigung gegen die Penetration, lieben jedoch die Intimität, das erotische Vergnügen und die körperliche Nähe mit ihrem Partner. Sie genießen es vielleicht, sich zu küssen, zu kuscheln, zu schmusen, sich eng umschlungen zu halten und eine liebevolle, spielerische, erotische Verbindung im Bett zu haben, die nicht auf Geschlechtsverkehr oder Orgasmus fokussiert ist. Wie eine meiner glücklich verheirateten Freundinnen sagte: »Wenn ich mich darauf versteift hätte, einen Orgasmus zu haben, wäre es zu einem großen Projekt und einer regelrechten Obsession geworden, was mich von dem wunderbaren Sex abgelenkt hätte, den wir immer haben.«

Zwischen Paaren kann eine starke erotische Verbindung bestehen, selbst wenn er keine Erektion aufrechterhalten kann, sie nicht versuchen will, einen Orgasmus zu haben, oder eine Krankheit oder Behinderung ihren Tribut von einem der Partner oder auch beiden fordert. Streben Sie nach einer flexiblen, lockeren, sich immer wieder verändernden Definition dessen, was »Sex haben« für Sie und Ihren Partner bedeutet. Akzeptieren Sie nicht die Definition von irgendjemand anderem, was wahren oder guten Sex ausmacht.

Regel Nr. 55

Seien Sie experimentierfreudig

Die Sexautorin Susie Bright schreibt, Erwachsene würden kindliche Reaktionen an den Tag legen, wenn es um Sexpraktiken geht, die für sie neu sind – ähnlich Kindern, denen man eine Gemüsesorte vorsetzt, die sie nie zuvor gesehen haben:

»Das ist widerlich!«
»Aber, Schatz, du hast es nicht einmal ausprobiert.«
»Ist mir egal. Ich hasse es!«

Es ist keine gute Idee, wenn Sie sich zu etwas zwingen, was Sie abstößt. Aber vielleicht sollten Sie sich einen Ruck geben, experimentierfreudig zu sein, vor allem, wenn Sie einen liebevollen und großzügigen Partner haben.

Elizabeth, eine meiner Klientinnen, verabscheute den Gedanken, Oralsex zu empfangen. Sie fand die Vorstellung so widerlich, dass sie die Sache für tabu erklärte. Für manche Männer wäre das sicher kein großes Problem – ja, für einige könnte es sogar eine Erleichterung sein –, doch Oralsex zu geben, war für das erotische Leben von Elizabeths Partner und seine Bindung zu ihr außerordentlich wichtig. Immer wieder ließ er sie wissen, dass ihre Weigerung oder ihre Unfähigkeit, es zu versuchen, für ihn einen großen Verlust darstellte. Verständlicherweise ärgerte es ihn auch, dass nur er diese Unter-

> Geben Sie sich einen Ruck, experimentierfreudig zu sein, vor allem wenn Sie einen liebevollen und großzügigen Partner haben.

haltungen anregte. Elizabeth kam es nie in den Sinn, dass es ihre Aufgabe war, ein Gespräch in die Wege zu leiten, in dem sie einräumte, wie schwierig dieser Verlust für ihn war. Nach einigen Jahren kamen sie überein, nicht mehr über dieses Thema zu sprechen, und Elizabeths Mann fand sich mit der Situation ab.

Eines Nachts hatte Elizabeth einen lebhaften Traum, in dem ihr Mann Oralsex mit einer anderen Frau hatte. In diesem Traum sagte er dieser Frau, wie viel ihm dies bedeute. »Irgendetwas machte Klick in meinen Kopf, als ich aufwachte«, erzählte Elizabeth mir. »Der Gedanke, dass ich diese eiserne Regel aufgestellt hatte, machte mich zutiefst traurig.« Dann fügte sie hinzu: »Und da es *mein* Traum war, war ich vielleicht die Frau in diesem Traum – und vielleicht sollte ich zumindest versuchen, diese Frau zu sein.«

Zuerst musste Elizabeth sich überwinden, Oralsex zu haben. Er wurde nie zu ihrer Lieblingspraktik, doch zu ihrer Überraschung fand sie ihn schließlich ganz angenehm und im Lauf der Zeit sogar lustvoll. Ihr Mann wiederum war hocherfreut und dankbar. Da eins zum anderen führt, wurden beide nach und nach experimentierfreudiger und fantasievoller im Bett.

Warten Sie nicht, bis Sie einen alles verändernden Traum haben, um nach den folgenden, scheinbar gegensätzlichen Maximen leben zu können:

Zwingen Sie sich nicht dazu, in sexueller Hinsicht irgendetwas zu tun, was Sie auf keinen Fall wollen.

Versuchen Sie (für sich selbst und für Ihren Partner), neue Dinge auszuprobieren, auch wenn Sie glauben, dass sie Ihnen nicht zusagen.

Kein Experte kann Ihnen sagen, für welche dieser Möglichkeiten Sie sich jeweils entscheiden sollten. Doch Sie werden von dem Versuch profitieren, sie beide mit einem Gefühl der Neugier und einem Sinn für das Mögliche im Kopf zu behalten.

Regel Nr. 56

Betrachten Sie Ihre sexuellen Fantasien als »normal«

Welche sexuellen Fantasien Sie in Bezug auf Ihren Partner auch haben mögen, betrachten Sie sie als »normal«. Paare in langjährigen Beziehungen neigen dazu, das zu tun, was »am besten funktioniert«, um erregt zu werden oder einen Orgasmus zu haben. Niemand kommt dadurch zum Orgasmus, dass er sich vorstellt, mit seinem Partner während eines romantischen, mondbeschienenen Spaziergangs am Strand Händchen zu halten. Ihr Partner ist vielleicht Ihr bester Freund, den Sie mehr lieben als irgendjemanden sonst, doch daraus folgt nicht unbedingt, dass er derjenige ist, an den Sie denken, wenn Sie Ihre Erregung steigern oder einen Orgasmus haben wollen.

Zum Miteinanderschlafen gehören zwei, doch beim Orgasmus geht es um ein einzelnes Individuum, das die volle Verantwortung dafür übernimmt, diesen zu erreichen. Manche Menschen brauchen keine Fantasien, um erregt zu werden. Andere reden offen über ihre sexuellen Fantasien, während sie miteinander schlafen. Wieder andere haben erotische Vorstellungen, die nicht an den Partner geknüpft sind, oder ergehen sich, um den Höhepunkt zu erreichen, in Fantasien, die so merkwürdig und eigenartig und vielfältig sind wie die menschliche Vorstellungskraft.

Ihre Fantasien haben möglicherweise nichts mit dem zu tun, was Sie im wirklichen Leben wollen. Sie bringen sich vielleicht zum Orgasmus, indem Sie sich vorstellen, dass Ihr Zahnarzt Sie auf dem Stuhl festbindet und vergewaltigt, würden jedoch um Ihr Leben rennen, wenn eine solche Situation Wirklichkeit werden sollte. Und Ihre Fantasien sind auch kein Maßstab dafür, wie sehr oder wie aufrichtig Sie Ihren Partner lieben. Sie entspringen einem Ort in Ihrem Unbewussten, der nichts mit Ihrer Liebesfähigkeit oder Ihrer Fähigkeit zu Intimität zu tun hat. Sie sind kein Zeichen für Untreue gegenüber Ihrem Partner und auch kein Hinweis darauf, dass Sie einen Sprung in der Schüssel haben. Fantasien sind einfach Fantasien.

Regel Nr. 57

Vergleichen Sie sich nicht mit anderen

Sich mit anderen zu vergleichen und zu dem Schluss zu gelangen, dass man schlecht dabei abschneidet, ist vielleicht die häufigste Art, sich selbst unglücklich zu machen. Tun Sie Ihr Bestes, um Vergleiche im Bereich Sex (wie auch in jedem anderen Bereich) zu vermeiden, oder realistischer, diesen Vergleichen ihre emotionale Macht zu nehmen. Es stimmt, dass wir Menschen uns hinsichtlich der Ungezwungenheit und Intensität unserer sexuellen Erfahrungen stark unterscheiden, so wie wir das auch hinsichtlich unserer Fähigkeit tun, Unterhaltungen, Musik, Freundschaft oder Gartenarbeit zu genießen. Na und?

Vor allem Frauen brauchen oft viel Zeit und Aufmerksamkeit, um erregt zu werden und zum Höhepunkt zu kommen, sobald die Gehirnchemie, die sich während der Flitterwochenphase stark verändert, wieder ihren Normalzustand erreicht hat. Die Beziehungsexpertin Pat Love beschreibt dies (im Hinblick auf Frauen mit einem niedrigen Testosteronspiegel) so: Zuerst müssen Sie sich konzentrieren, konzentrieren und noch ein bisschen mehr konzentrieren, bis Sie genau die richtige erotische Fantasie im Kopf haben. Doch dann entdecken Sie vielleicht den Fleck an der Decke (Ist das ein Wasserfleck?) oder werden durch einen Gedanken an die Wäsche abgelenkt (Hätte ich die Leinenhose in die Waschmaschine stecken sollen?), und schon

> »Mangelndes Verlangen« wird zu schnell als medizinische Störung, als Syndrom oder Fehlfunktion etikettiert.

müssen Sie wieder ganz von vorn anfangen, bis Sie endlich, endlich Ihren Orgasmus haben.

Ich möchte Sie nicht davon abhalten, sich Hilfe zu holen, wenn eine gedämpfte Libido Ihnen ernsthafte Probleme bereitet. Sex kann sehr schwierig für Sie sein, wenn Sie zum Beispiel sexuell missbraucht wurden. In diesem Fall lohnt es sich, einen Therapeuten aufzusuchen. Und eine Vielzahl von Medikamenten, die die Libido stark verringern, können durch andere ersetzt werden, die dies nicht tun. Zudem ändert sich im Lauf der Zeit Ihr sexuelles Verlangen. Vielleicht verlieren Sie es, wenn Sie mit kleinen Kindern zu Hause bleiben, und entdecken es wieder, wenn die Kinder zur Schule und Sie wieder zur Arbeit gehen. Doch vergleichen Sie Ihr derzeitiges Verlangen nicht mit jenem, das Sie in der Anfangsphase Ihrer Beziehung empfanden. Die Bio-Anthropologin Helen Fisher erinnert uns daran, dass der hormonelle Cocktail für Leidenschaft und Romantik im Höchstfall ein paar Jahre besteht.

Bei bestimmten Gesundheitszuständen, die sich hemmend auf die sexuelle Erregbarkeit auswirken, kann ein versierter Urologe oder Gynäkologe helfen. Doch »mangelndes Verlangen« wird zu schnell als medizinische Störung, als Syndrom oder Fehlfunktion etikettiert mit dem Ziel, Sie zu heilen. Nehmen Sie sich vor einem engen medizinischen Modell in Acht; sexuelles Verlangen ist eine viel zu komplizierte emotionale Angelegenheit, um sie auf Hormone und die Funktion oder Fehlfunktion Ihrer Geschlechtsorgane zu reduzieren. Mein bester Rat lautet: Erkennen Sie, dass Sie in Ordnung sind, so wie Sie sind, oder wie Elisabeth Kübler-Ross es formuliert: »Ich bin nicht okay, du bist nicht okay, und *das ist* okay so.«

Regel Nr. 58

Warten Sie nicht, bis Sie »in Stimmung« sind

Wenn Sie mit dem Sex warten, bis einer von Ihnen oder auch beide wirklich Sex haben wollen, dann warten Sie zu lange. Das Verlangen nach Sex hält nach einer gewissen Dauer der Beziehung leicht Winterschlaf, vor allem bei Frauen, die Kinder bekommen haben. Je mehr Zeit Sie bis zu dem Versuch, Sex zu haben, verstreichen lassen, desto schwieriger wird es, wieder damit anzufangen. Viele Menschen müssen sich einen Ruck geben, um in Gang zu kommen, doch sobald sie dann bei der Sache sind, genießen sie es und fühlen sich tiefer mit ihrem Partner verbunden. Das gilt vor allem, wenn sie sich von jeglichem Druck frei machen und die Haltung »Gehen wir es entspannt an und sehen, was passiert« einnehmen.

Wenn Sie sich hin und wieder dazu antreiben, Sex zu haben, können Sie Ihre Libido vor dem Dauerschlaf bewahren. Oft empfindet mindestens einer der Partner nicht den »natürlichen Drang«, Sex zu initiieren, kann ihn jedoch genießen, wenn er es wirklich versucht. Auch wenn Sie nicht erregt sind, so spricht doch immer noch einiges dafür, etwas für das Vergnügen Ihres Partners zu tun und offen dafür zu sein, einfach die körperliche Nähe zu genießen.

Regel Nr. 59

Schärfen Sie Ihr Bewusstsein für die Wäsche

Wenn Sie Sex mit der Mutter Ihrer Kinder haben wollen, dann versuchen Sie Folgendes: Beteiligen Sie sich an der Hausarbeit. Tun Sie das nicht, kann es Probleme im Bett geben. Ihre Partnerin wird nicht nur zu müde für den Sex sein, sie ärgert sich vielleicht auch über die Ungerechtigkeit der Situation (selbst wenn sie es sich nicht eingesteht, weil Frauen ja *angeblich* dafür sorgen sollen, dass im Haushalt alles reibungslos läuft).

Die Familientherapeutin Marianne Ault-Riché hielt einmal einen Vortrag, in dem sie ihre unermüdlichen Bemühungen darlegte, das Bewusstsein ihres Mannes für die Wäsche zu schärfen, was beinhaltete, ihn dazu zu bringen, »… die Wäsche nicht nur in den Wäschetrockner zu stecken, weil ich ihn darum bat, sondern über die Wäsche *nachzudenken*, sich so wie ich zu fragen, ob sich feuchte Kleidungsstücke in der Waschmaschine befanden und darauf warteten zu schimmeln; oder ob es Hemden gab, die nicht sofort aus dem Trockner genommen worden waren, nachdem das Programm zu Ende gelaufen war, und dort jetzt zunehmend zerknitterten«.

Marianne Ault-Riché erzählte den Witz von einem Mann, der seine Frau in dem Bestreben, ihre Begehrlichkeit zu wecken, darum bittet, ihm von ihrer erotischsten Fantasie zu erzählen. Nachdem sie einen Moment lang überlegt hat, sagt die Frau: »Ich würde gern mal in einem Zimmer Sex haben, in dem sämtliches Spielzeug aufgeräumt und die Wäsche gefaltet ist.« »Super!«, erwidert ihr Ehemann. »Lass uns nach nebenan zum Nachbarn gehen.« Es wäre gut, wenn Sie sich Ihren Sinn für Humor bewahren, während Sie um eine gleichberechtigte Aufteilung der Hausarbeit ringen, denn das Thema ist schmerzlich und ernst, wenn es ungelöst bleibt.

Ist eine wirklich liebevolle, auf Gleichberechtigung basierende Beziehung eine Garantie dafür, dass Ihr Partner Sex mit Ihnen haben will? Nein, das ist sie nicht. Sex hat seinen eigenen Kopf. Eine gute emotionale Vertrautheit garantiert keinen guten Sex. Doch eine schlechte emotionale Vertrautheit trägt zu schlechtem Sex bei. Wenn Sie ein unfairer und kleinlicher Partner sind, ist es gut möglich, dass Sie als Folge ein unerfülltes Sexleben haben, weil Ihr Partner zu müde und zu verärgert ist, um sich die Mühe zu machen, Sie zu beglücken.

Regel Nr. 60

Frauen: Sagen Sie Ihrem Partner, was Sie wollen

Männer: Versuchen Sie, nicht abwehrend zu sein

Sagen Sie Ihrem Partner immer wieder, was Sie wollen, auch wenn die Unterhaltung schwierig und schmerzlich ist. Seien Sie geduldig, wenn er wieder und wieder dieselben »Fehler« macht – so wie Sie sich von Ihrem Tango- oder Italienischlehrer Geduld mit Ihnen wünschen würden. Einige Menschen haben eine natürliche Begabung für das Tanzen oder für Sprachen oder dafür, sich auf den Rhythmus oder das Verlangen ihres Partners einzustellen. Die meisten haben das nicht.

Auch wenn Frauen heutzutage vielleicht glauben, dass sie Anspruch auf die Befriedigung ihrer Bedürfnisse haben, beschließen sie oft, die Sache einfach hinter sich zu bringen. (»Ja, ich täusche den Orgasmus vor, weil er sonst den Sex nicht so sehr genießen würde.«) Oder sie haben das Gefühl, dass ihr Partner nicht lernfähig ist. (»Alles, was er tut, fühlt sich falsch an. Er kann sich nicht ändern.«) Oder er ist so abwehrend, dass jede Unterhaltung in einen Streit ausartet. (»Er hat dann immer das Gefühl, ich würde ihn für einen schlechten Liebhaber halten. Und dann streiten wir uns jedes Mal.«)

Wenn Sie einen sehr reifen Sexpartner haben, wird er Ihre Anweisungen (»höher, tiefer, kräftiger, mach weiter so«) kaum persönlicher nehmen, als wenn Sie ihm sagen würden, wie er Sie kratzen soll, wenn Sie der Rücken juckt. Das ist der

Idealfall, doch es ist sehr unwahrscheinlich, dass Sie einen solchen Partner haben, weil wir Menschen in Bezug auf unsere sexuelle »Leistung« sehr empfindlich sind und Dinge persönlich nehmen.

Sie müssen Ihrem Partner vielleicht auch zeigen, was er tun soll, statt es ihm nur zu sagen. Eine meiner Klientinnen sagte ihrem Mann wiederholt, er solle sie »auf achtsamere Weise« berühren und sie so küssen, als sei »das Küssen ein gemeinsamer Tanz« und nicht etwas, was der eine mit dem anderen mache. Zuerst führte dies zu einem Streit. Ihr Mann fühlte sich verletzt, während sie irritiert war, dass er es »verstanden« zu haben schien und eine Woche später wieder »vergessen« hatte. Nachdem sie ihm über Monate wiederholt demonstriert hatte, wie sie sich das Küssen vorstellte, verstand er es endlich. Beide Partner müssen geduldig und nachsichtig sein, wenn sie um eine Änderung bitten, weil es extrem schwierig ist, alte Gewohnheiten aufzugeben.

Geht es um den Orgasmus, scheuen Sie sich vielleicht, Ihrem Partner zu sagen, was Sie brauchen, vor allem wenn dies Ihrer Meinung nach nicht mit gängigen Vorstellungen übereinstimmt. Wenn Sie keine Orgasmen haben, aber gern welche hätten, sollten Sie kreativ vorgehen und mit Ihrem Partner darüber sprechen. Sie kennen sich selbst am besten, also sagen Sie ihm, was Sie wollen, selbst wenn es Ihnen schwerfällt und Sie sich vorstellen, dass andere Frauen nicht darum bitten würden. (»Nachdem du gekommen bist, möchte ich mich hier berühren und wünsche mir, dass du diesen Vibrator hältst und ihn *so* benutzt.«) Zerbrechen Sie sich nicht den Kopf darüber, ob Ihr Partner dies *gern* tut oder nicht. Nicht *jeder* Sex ist ein

Nicht *jeder* Sex ist ein gemeinsamer intimer Moment – noch sollte er es sein.

gemeinsamer intimer Moment – noch sollte er es sein. Auch altruistischer Sex hat etwas für sich. Ihr Partner erwärmt sich vielleicht für eine neue Praktik, wenn deutlich wird, wie viel Vergnügen sie Ihnen bereitet.

Regel Nr. 61

Erkennen Sie den Nähe-Distanz-Reigen im Bett

In puncto Sex ist es ziemlich einfach, die Rolle zu erkennen, die Sie im Nähesucher-Distanzsucher-Reigen spielen. Wenn Sie immer wieder versuchen, Sex zu initiieren, und sich fast jedes Mal zurückgewiesen fühlen, sind Sie der Nähesuchende. Haben Sie hingegen kein Interesse am Sex und das Gefühl, sich nicht dazu durchringen zu können, sind Sie der Distanzsuchende. Männer sind oft (wenn auch nicht immer) die Nähesuchenden, wenn es um Sex geht, so wie Frauen oft (wenn auch nicht immer) die Nähesuchenden sind, wenn es um Unterhaltungen geht.

In den schlechten alten Zeiten warteten einige Eheberater mit folgender strategischer Lösung für die Sackgasse »Er redet nicht/sie will keinen Sex« auf: Die Ehefrau sollte ihrem Mann im Austausch für, sagen wir, ein zwanzigminütiges Gespräch eine Spielmarke geben. Hatte der Ehemann eine bestimmte Anzahl von Spielmarken gesammelt, konnte er sie gegen das eintauschen, was ein Kollege »ein gutes *schtupping*« (jiddisch für Geschlechtsverkehr) nennt. Auf diese Weise würde ihr Bedürfnis nach Gesprächen und sein Bedürfnis nach Sex befriedigt, und die Welt wäre für beide wieder in Ordnung. Gott sei Dank wurde diese »therapeutische Lösung« schon vor langer Zeit verworfen.

Lesbische und schwule Paare verfangen sich in dem gleichen Muster. Einer der Partner verfolgt den anderen, bis es für ihn zu schmerzlich wird, und zieht sich dann hinter eine

Mauer abweisender Kälte zurück. Der dem Sex abgeneigte Partner ist zu erschöpft oder zu wütend über irgendetwas, fürchtet, dass die Kinder hereinkommen könnten, ist kein »Nachtmensch« oder »Morgenmensch« oder hat nicht genug Vertrauen. Den traditionellen Geschlechterrollen zu entfliehen, heißt nicht, traditionellen Problemen zu entfliehen.

Wenn die Partner im Nähesucher-Distanzsucher-Reigen feststecken, fürchten sich beide davor, abends ins Bett zu gehen. Das Bett wird zu einem Ort der Anspannung und des Kummers. Der Nähesuchende fühlt sich aufgrund der ständigen Zurückweisung am Boden zerstört. Die Distanzsuchende hat möglicherweise Angst, auch nur die Arme um den Partner zu legen und zärtlich zu sein, weil das als Aufforderung zum Sex interpretiert werden könnte, was dann zu einer unangenehmen oder wütenden Auseinandersetzung führen kann. Außerhalb des Bettes läuft dann oft auch nicht alles so glatt, wie es könnte, und beide Partner sind äußerst gereizt.

Besteht ein Paar aus zwei »Ja«-Partnern oder zwei »Nein«-Partnern, gibt es offensichtlich kein Problem. Andererseits sind ein »Ja«-Partner und ein »Nein«-Partner eine so übliche Konstellation, dass man das damit verbundene Problem als normal betrachten kann – was jedoch nicht heißt, dass dies gut für Ihre Beziehung ist. Wenn der Nähesucher-Distanzsucher-Reigen Ihnen oder Ihrem Partner Schmerz bereitet, müssen Sie sich klarmachen, dass es Ihnen nur noch größeren Kummer zufügen wird, wenn Sie diesen Reigen weitertanzen. Die Einsicht, dass Sie etwas verändern müssen, ist ein wichtiger erster Schritt.

Regel Nr. 62

Nähesuchende, stoppen Sie die Verfolgungsjagd!

Distanzsuchende, geben Sie die Distanzsuche auf!

Es gibt nur eine Möglichkeit, den Teufelskreis zu durchbrechen. Der Nähesuchende muss seine Jagd nach Sex einstellen. Der Distanzsuchende muss aufhören, nach Distanz zu suchen. So einfach – und so schwierig – ist das.

Wenn Sie der Nähesuchende sind

Sie müssen wirklich »begreifen«, dass sich nichts ändern wird, wenn Sie sich weiterhin ein Bein ausreißen, um Sex zu initiieren, nur um dann zurückgewiesen zu werden und sich wütend zurückzuziehen. Sie müssen mit der Verfolgungsjagd aufhören. Schwieriger noch: Sie müssen all Ihre Wut, Ihren Schmerz und Ihre Frustration loslassen. Ein wütender Rückzug ist nur die Kehrseite der Verfolgung und ändert nichts.

Wie können Sie den Teufelskreis durchbrechen? Wählen Sie eine Zeit außerhalb des Betts, wenn Sie sich gut miteinander verstehen. Sagen Sie Ihrem Partner, dass Sie mit ihm über Sex sprechen möchten. Erklären Sie ihm freundlich, dass das Bett für Sie nicht weiter ein Ort des Kampfes und der Verletzungen sein soll und dass Sie alle Versuche einstellen werden, Sex zu initiieren. Sie könnten beispielsweise sagen: »Ich hoffe, dass du irgendwann auf mich zukommen wirst, weil ich mir nicht vorstellen kann, für immer ohne Sex zu leben. Aber ich werde dich nicht weiter unter Druck setzen, denn das hilft keinem von uns. Und wenn du in der Stimmung für eine Umarmung, einen Kuss oder ein Rückenstreicheln bist, sag es mir. Ich verspreche dir, dass wir diese Dinge tun können, ohne dass mehr daraus werden muss. Es gibt keinen Druck mehr.« Behalten Sie einen lockeren Ton bei, und fassen Sie sich kurz.

Dann müssen Sie sich an das Gesagte halten. Seien Sie herzlich statt wütend, wenn Sie abends ins Bett gehen. Wenn Ihr Partner eine Umarmung oder eine Rückenmassage möchte, erfüllen Sie ihm den Wunsch – und zwingen Sie sich, es dabei zu belassen. Seien Sie dankbar für jeden körperlichen oder sexuellen Kontakt, ohne sich darauf zu fokussieren, ob Ihr Partner erregt wird oder es genießt. Drängen Sie ihn nie dazu, den Sex zu genießen oder einen Orgasmus zu haben, denn damit erreichen Sie lediglich, dass Ihr Partner seine Lust vortäuscht. Männer sagen oft: »Ich möchte, dass sie mich *will*«, als würde es eine grundlegende Zurückweisung darstellen, wenn die Partnerin sexuelles Verlangen auf eine andere Weise erlebt. Versuchen Sie, sich von dieser Vorstellung zu lösen. Sich zu sehr auf das Vergnügen des Partners zu konzentrieren, ist normalerweise nicht hilfreich.

Wenn Ihr Partner im Lauf der Zeit nicht auf Sie zukommt, sollten Sie das Gespräch noch einmal aufnehmen, jedoch nicht nachts und schon gar nicht im Schlafzimmer. Sagen Sie ihm, dass Sie nicht die Absicht haben, den Sex erneut zu initiieren, sich aber einsam und frustriert fühlen. Bitten Sie ihn um Ideen, wie sich das Problem lösen lässt, und hören Sie ihm ohne Abwehr zu. Halten Sie das Gespräch kurz, denn Distanzsuchende fürchten sich in der Regel vor langen Unterhaltungen über Sex. Kommen Sie etwa einmal im Monat wieder auf dieses Thema zu sprechen, wenn Ihr Partner nichts unternimmt. Seien Sie darüber hinaus in jeder anderen Hinsicht ein fairer, großzügiger Partner.

Wenn Sie der Distanzsuchende sind

Initiieren Sie hin und wieder Sex, selbst wenn Ihnen nicht danach zumute ist. Ihr Partner kann nicht in einer sexlosen Beziehung leben, vor allem, wenn der Sex für ihn belebend und zugleich unentbehrlich dafür ist, Nähe zu Ihnen herzustellen. *Zu beschließen, dass Sie keinen Sex mehr haben wollen, weil Sie keine Lust dazu haben, ist so, als würde Ihr Partner beschließen, dass in Ihrer Beziehung keine Unterhaltungen mehr geführt werden, weil er nicht gern redet.*

Wenn Sie keinen Sex haben wollen, weil Ihr Partner Ihnen untreu war, sich nicht bemüht hat, verlorengegangene Nähe zu Ihnen wiederherzustellen, oder kein fairer und respektvoller Partner ist, müssen Sie natürlich mit ihm darüber sprechen. Ich würde Ihnen nie vorschlagen, mit jemandem Sex zu haben, der Sie auf erniedrigende oder respektlose Weise behandelt. Doch manchmal geraten Paare in eine ausweglose Situation, wenn einer der Partner den ehrlichen Versuch unternimmt, einen begangenen Fehler wiedergutzumachen, und der Distanzsuchende folgende Haltung einnimmt: »Ich werde erst wieder Sex mit ihm haben, wenn ich wirklich weiß, dass ich ihm wieder vertrauen kann.« Wenn Ihr Partner ein guter Mensch ist und sich ernsthaft bemüht, einen vergangenen Schaden wiedergutzumachen, sollten Sie versuchen, die körperliche Verbindung zum Teil des Heilungsprozesses, der Versöhnung und der Wiederherstellung des Vertrauens zu machen, statt zu etwas, was Ihr Partner sich im Lauf der Zeit erst wieder »verdienen« muss.

Ich verstehe, dass diese Regel mehr als jede andere in diesem Buch bei beiden Partnern das Gefühl hervorrufen könnte: »Das kann ich einfach nicht.« Wenn Sie wirklich glauben, dass sich Ihre Beziehung über Jahre oder Jahrzehnte als platonische Freundschaft aufrechterhalten lässt, dann vergessen Sie diese Regel. Doch wenn Sie in Ihrem Herzen wissen, dass irgendeine Form von Sex für deren Fortbestehen nötig ist, dann nichts wie ran!

Regel Nr. 63

Glauben Sie nicht blind an die Monogamie

Wenn Menschen beschließen, eine dauerhafte Beziehung einzugehen, schwören sie, allen anderen zu entsagen. Dieser Schwur wird bei einer Hochzeit sogar öffentlich geleistet, weil er so schwer einzuhalten ist. Menschen sind nicht »von Natur aus« monogam: Über ein Dutzend Säugetierarten (einschließlich Wölfe und Gibbons) sind monogamer als wir. Wir wünschen uns die Sicherheit einer langfristigen Partnerschaft, gleichzeitig aber auch den Reiz des Neuen.

Es ist ein Mythos, dass man den Partner auf Monogamie einschwören oder dafür sorgen kann, dass er einem treu bleibt, indem man die beste Liebhaberin der Welt oder der charmanteste Mann auf Erden ist. Im Reich reiner körperlicher Anziehung kann kein langfristiger Partner je mit dem Reiz von jemand Neuem mithalten. Sagen wir es einfach so: Affären überschwemmen das Gehirn mit Chemikalien, die einen veränderten, süchtig machenden »Highzustand« erzeugen, gegen den eine feste Beziehung aus erotischer Sicht keine Chance hat.

Ein Mythos ist auch, dass der »wirkliche Grund« für eine Affäre ein unvollkommener Partner oder eine schlechte Beziehung wäre. Eine sexuell oder emotional kühle Ehe wird eine Affäre definitiv wahrscheinlicher machen. Wahr ist aber auch, dass Affären in den besten Beziehungen vorkommen.

Affären haben zahlreiche Ursachen. Viele Menschen lassen sich nach einem wichtigen Verlust oder dem Jahrestag eines früheren Verlustes auf eine Affäre ein. (Beispiel: Eine Frau hat eine Affäre, wenn sie das Alter erreicht, in dem ihr Vater plötzlich einem Herzinfarkt erlag.) Gelegenheiten und Arbeitsumfeld sind andere wichtige Faktoren. Wenn Ihr heterosexueller Mann einen Job hat, bei dem er regelmäßig von neun bis fünf arbeitet und die Belegschaft nur aus Männern besteht, ist er wohl kaum einer Versuchung ausgesetzt. Ist er hingegen Collegeprofessor, wird wahrscheinlich eine gewisse Anzahl von Studentinnen alles dafür tun, ihm das Gefühl zu geben, dass er brillant und begehrenswert und auch ansonsten prädestiniert ist für eine Affäre.

Blind an die Monogamie zu glauben – selbst wenn oder vor allem wenn Ihr Partner sagt: »Ich würde mich nie von jemand anderem angezogen fühlen als von dir« –, ist deshalb problematisch, weil dadurch Ihre Wachsamkeit nachlässt. Sie werden sich einer echten Gefahr für Ihre Beziehung nicht bewusst sein, ja nicht einmal der einfachen Tatsache, dass Ihr Partner ein sexuelles Wesen ist und dass Versuchungen nicht einfach aus der Welt geschafft werden können. Das Paradoxon ist, dass Affären *eher* bei Paaren vorkommen, die davon ausgehen, dass ihre Beziehung affärensicher ist. Schon allein diese Annahme verhindert Gespräche zu diesem Thema, verringert die Motivation, Dinge zu verbessern, und lädt zu Unehrlichkeit ein.

Regel Nr. 64

Setzen Sie Grenzen

Wenn Sie sich durch eine Außenbeziehung Ihres Partners bedroht fühlen, müssen Sie ihm das sagen. Sie können sein Verlangen nach anderen nicht abstellen, und Sie können ihn auch nicht daran hindern, untreu zu sein. Aber das heißt nicht, dass Sie den Mund halten, die Augen vor einer potenziellen Gefahr verschließen oder nicht Stellung dazu beziehen sollten, dass Ihr Partner sich mit einem Menschen trifft, der eine Versuchung darstellen könnte.

In meiner eigenen Ehe haben sich die unausgesprochenen Regeln für »Außenbeziehungen« mit dem Alter und dem jeweiligen Lebensabschnitt geändert. Als wir in unseren Zwanzigern in Berkeley lebten, hatte ich kein Problem damit, wenn Steve sich mit Freundinnen traf oder mit ihnen ins Kino ging, weil ich dachte, dass sicher nichts passieren würde (er ist ein zu integerer Mann) und dass Paare die Freiheit des geliebten Menschen in Bezug auf Freundschaften außerhalb der Ehe nie einschränken sollten. Ein paar Jahrzehnte später sieht die Sache ganz anders aus. Keiner von uns beiden neigt sonderlich zur Paranoia, und wir leugnen auch nicht die möglichen Verlockungen von außen oder versuchen, sie zu verhindern. Doch in unserer Ehe haben wir verschiedentlich dazu »Nein« gesagt, dass der eine oder andere eine »Freundschaft« weiterführt, weil wir das Gefühl hatten, dass diese schließlich auf Kosten unserer Ehe gehen würde, selbst wenn der jeweils Betroffene dies leugnete.

Viele Paare verfolgen in Bezug auf Außenbeziehungen eine »Nicht fragen, nichts erzählen«-Politik. Andere Paare wählen eine »offene Beziehung«, normalerweise verbunden mit einer Reihe von Regeln (nicht zweimal mit derselben Person schlafen, nicht mit jemandem aus dem Freundeskreis und so weiter). Kein Experte hat das Recht anzunehmen, er wisse, welche Grenzen für ein bestimmtes Paar am besten sind. Doch wenn Sie sich auf Treue verpflichtet haben (eindeutig das, was ich selbst bevorzuge), dann schweigen Sie nicht, wenn Sie sich bedroht fühlen. Haben Sie keine Angst davor, einer bestimmten Außenbeziehung Grenzen zu setzen, wenn Ihr Bauchgefühl Ihnen sagt, dass Ihr Partner in Versuchung geraten könnte.

Regel Nr. 65

Erkennen Sie rechtzeitig, wann Sie das Tor schließen müssen

Wenn Sie sich zu gegenseitiger Treue verpflichtet haben, dann stellen Sie sich vor, dass Ihr persönliches/sexuelles Selbst von einem kreisförmigen Tor umgeben ist. Entscheiden Sie, wie weit Sie es geöffnet lassen können oder schließen müssen, um Ihrem Partner treu zu bleiben und in Ihrer Beziehung präsent zu sein.

Ein Paar, mit dem ich arbeitete, beide Anfang dreißig, hatte sich vollkommen zur Monogamie verpflichtet. Er ließ sein Tor ein wenig offen, weil er Flirts und erotische Wortwechsel mit anderen Frauen genoss. Zudem strahlte er eine starke sexuelle Energie aus, die zu seinem Gefühl der Vitalität und Attraktivität beitrug. Er nahm diese Begegnungen nicht ernst und vertiefte sie auch nicht, sondern genoss einfach seine sexuelle Energie als natürlichen Teil seines Lebens.

Seine Frau war das genaue Gegenteil. Trotz ihrer geringeren Libido war sie anfällig für emotionale Affären. Auch wenn nichts passierte, ließ sie es zu, dass ihr jemand unter die Haut ging, und war dann so besessen von ihm, dass sie für ihren Mann weniger präsent war. Obwohl sie strengen religiösen und moralischen Überzeugungen anhing, behauptete sie, machtlos dagegen zu sein, wenn sie sich in jemanden verliebte. Eine emotionale Affäre kann – selbst wenn aus ihr keine sexuelle Affäre wird – ge-

> Zu wissen, wie weit Sie Ihr Tor geöffnet lassen können oder schließen müssen, ist eine gute Methode, treu zu bleiben.

nauso intensiv und schädlich für eine Beziehung sein wie eine Versuchung, die schließlich dazu führt, dass zwei Menschen im Bett landen.

Wenn dieses Paar über romantische und sexuelle Versuchungen außerhalb der Beziehung sprach, wurde deutlich, dass die Ehefrau ihr Tor fest geschlossen halten musste. Ihre emotionalen Affären waren genauso bedrohlich für ihre Ehe wie eine sexuelle Affäre, zu der sich ihr Mann hätte verleiten lassen können. Ihr Mann hingegen musste sein Tor schließen, sobald ein Flirt mehr zu werden drohte.

Zu wissen, wie weit Sie Ihr Tor geöffnet lassen können oder schließen müssen, ist eine gute Methode, treu zu bleiben. Am schwierigsten ist dabei, zwischen Außenbeziehungen, die einfach angenehm und lebensbereichernd sind, und solchen zu unterscheiden, die auf Kosten Ihrer Paarbeziehung gehen.

Regel Nr. 66

Nehmen Sie die Affäre Ihres Partners nicht automatisch zum Trennungsanlass

Nichts ist verheerender, als herauszufinden, dass Ihr angeblich treuer Partner eine Affäre hatte – oder hat. Die Tatsache, dass er Sie angelogen hat (ob mit Worten oder durch Schweigen), macht die Untreue umso schmerzlicher. Hat es sich um eine längere Affäre gehandelt, ist es nur natürlich, dass der betrogene Partner wütend und deprimiert ist, dass er völlig die Fassung verliert, die Details der Affäre ihn nicht mehr loslassen und er davon überzeugt ist, dass niemals wieder irgendetwas normal sein wird. Doch so katastrophal eine Affäre auch sein mag, nehmen Sie sie nicht automatisch zum Anlass, sich zu trennen. Wenn Ihre gemeinsame Geschichte für Sie von Bedeutung ist und vor allem, wenn Sie Kinder haben, dann versuchen Sie, mit dem Problem fertigzuwerden.

Eine Affäre ist keine schreckliche Anomalie, die nur in unglücklichen Beziehungen vorkommt. Affären passieren auch in ausgezeichneten Beziehungen. Ich habe Paare erlebt, die sich davon erholt haben, dass eine Affäre ans Licht gekommen war, und die danach sogar besser miteinander kommunizieren konnten und sich einander näher fühlten. Ein solch positives Ergebnis ist jedoch nur möglich, wenn beide Partner sich zueinander bekennen und dazu verpflichten, die Wahrheit zu sagen, künftigen Versuchungen zu widerstehen und den langen, steinigen Weg der Heilung und Wiederherstellung des Vertrauens zu gehen.

Wenn Sie der untreue Partner waren, sollten Sie sich den ausgezeichneten Rat der Psychologin und Autorin des Buches

Treuebrüche: die kreative Aufarbeitung des Seitensprungs, Janis Abrahms Spring, zu Herzen nehmen: Fordern Sie Ihren Partner niemals dazu auf, »darüber hinwegzukommen«. Seien Sie vielmehr bereit, ihm zuzuhören und seinen Schmerz zu verstehen. Warten Sie nicht voller Angst darauf, dass er das Thema wieder zur Sprache bringt. Eröffnen Sie stattdessen selbst Gespräche, mit denen Sie Ihrem Partner zu verstehen geben, dass Sie weiterhin über die Affäre nachdenken und dass Sie ihn mit seinem Schmerz nicht allein lassen werden. Hören Sie ihm mit ungeteilter Aufmerksamkeit zu, wenn er seine Wut und seinen Schmerz zum Ausdruck bringt, egal wie lange es auch dauern mag – was sich wie eine Ewigkeit anfühlen kann. Janis Abrahms Spring erklärt, dass *Sie* Ihrem Partner den Schmerz abnehmen müssen, wenn Sie wollen, dass er ihn loslässt.

Sind Sie der betrogene Partner, sollten Sie eine Paartherapie in Betracht ziehen, bevor Sie die Trennung fordern oder sich selbst dazu zwingen, dem anderen zu verzeihen. Geben Sie Ihrem untreuen Partner die Chance, seinen Fehltritt wiedergutzumachen und Ihr Vertrauen zurückzugewinnen. Geben Sie sich selbst und Ihrer Beziehung die Chance, zu heilen und inniger zu werden. Dies ist fraglos ein mühsames Stück Arbeit. Doch wenn Sie sich beide dafür einsetzen, kann dies der Mühe wert sein.

7

Kinderschock: Bewahren Sie einen kühlen Kopf

Niemand kann Sie darauf vorbereiten, wie stark Ihre Partnerschaft sich nach der Geburt des ersten Kindes verändern wird. Es sind nicht die Kinder, die Ihre Beziehung verändern. Genauer müsste es heißen: »Das, was Sie im Moment als Ihre Beziehung bezeichnen, wird nicht mehr existieren. Sie werden eine völlig andere Beziehung in einem völlig anderen Leben führen.« Solange die Kinder nicht da sind, können Sie sich einfach nicht vorstellen, wie sehr sich alles verändern wird.

Viele Eltern berichten, dass Kinder ihre Beziehung zueinander vertiefen. Das gilt vor allem, wenn beide Parteien aktive, liebevolle Eltern und großzügige, fürsorgliche Partner sind – und das Universum sie mit einem fairen Maß an Ressourcen und Glück bedacht hat. Dennoch: Nur wenige Ereignisse belasten eine Beziehung mehr als ein neues Familienmitglied, auch wenn Sie es als großen Segen empfinden mögen, nun zu dritt statt zu zweit zu sein. In diesem magischen Moment, in dem Söhne zu Vätern, Töchter zu Müttern und Eltern zu Großeltern werden, müssen alle Familienbeziehungen dieser neuen Situation entsprechend angepasst werden.

Trotz Ihres festen Vorsatzes, Ihre eigene Beziehung zu pflegen und Fragen der Kindererziehung nicht zum Problem zwischen Ihnen werden zu lassen, ist es immer schwieriger, sich daran zu halten, als Sie denken. Jedes Kind – und vor allem das erste – bringt ein außerordentliches Maß an Veränderungen mit sich. Und Wandel, egal wie positiv er auch sein mag, ist begleitet von Ängsten und emotionaler Reaktivität. Fallen die emotionalen Reaktionen sehr heftig aus, haben frischgebackene Eltern manchmal das Gefühl, von ihrem Partner wie durch eine Mauer getrennt oder mit ihm völlig uneins zu sein, obwohl keiner von beiden es auf eine Auseinandersetzung anlegt.

Jede neue Phase der Kindererziehung – frühe Kindheit, Schulzeit, Teenageralter, leeres Nest, erwachsene Kinder, die nach Hause zurückkehren oder erst gar nicht weggehen – wird Ihre Paarbeziehung vor neue Herausforderungen stellen, so wie es auch bei einem Kind der Fall ist, das mit unerwarteten mentalen oder körperlichen Problemen zu kämpfen hat. Darüber hinaus wird auch noch alles aus Ihrer eigenen äußerst unvollkommenen Kindheit hochschwappen. Und dann ist da noch die völlige körperliche Erschöpfung, die meines Wissens nach noch keiner Beziehung gutgetan hat.

Ich will den Einfluss von Kindern auf eine Beziehung gewiss nicht in düsteren Farben malen. Vielmehr rate ich Ihnen, all die Berichte zu ignorieren, in denen es heißt, dass kinderlose Paare ein glücklicheres Leben führen. Die Ergebnisse groß angelegter Studien sagen nichts darüber aus, wie viel Freud und Leid ein bestimmtes Kind Ihnen bringen und welchen Einfluss dies auf die Beziehung zu Ihrem Partner haben wird. Außerdem ist Ihr persönlicher »Glücksquotient« einfach irrelevant, wenn es um eine so grundlegende Erfahrung wie die Geburt und das Großziehen von Kindern geht.

Die folgenden Regeln werden Ihnen helfen, nach der Geburt eines Kindes kreativ über Ihre Beziehung nachzudenken. Die Regeln für Stiefeltern sind andere; hierzu erfahren Sie mehr in Kapitel 9. Doch beide, Eltern wie Stiefeltern, werden in dem magischen Moment, in dem aus zwei mit einem Mal drei (oder mehr) werden und sie sich plötzlich auf unbekanntem Terrain wiederfinden, starken Gefühlsschwankungen unterliegen – von glücklich über gestresst bis »völlig durch den Wind«.

Regel Nr. 67

Tauschen Sie Ihren Partner nicht gegen Ihr Baby ein

Sie fühlen sich vielleicht nicht nur überfordert und frustriert mit Ihrem Baby, sondern lieben Ihr Kind auch mit einer solchen Leidenschaft und Tiefe, die Ihrem Partner das Gefühl geben, ein völliger Außenseiter zu sein. Oft ist es der Vater, der sich an den Rand gedrängt fühlt, vor allem wenn die Mutter das Kind stillt. Vielleicht reagiert Ihr Partner darauf, indem er sich stärker in seine Arbeit vergräbt, statt den Versuch zu unternehmen, mehr in die Kindererziehung einbezogen zu werden. Wahrscheinlich fühlt er sich noch weiter zurückgewiesen durch den vorhersehbaren Libidoverlust seiner Frau, der durch einen ständig unterbrochenen Schlaf, verrücktspielende Hormone und die pausenlosen Bedürfnisse des Babys nur noch verstärkt wird.

Sind Sie der Vater, gestehen Sie den Verlust, den Sie verspüren, möglicherweise nicht ein, nicht einmal sich selbst gegenüber. Nach wie vor gilt es als unmännlich, Verletzlichkeiten zu erkennen und zum Ausdruck zu bringen, und viele Männer finden es unakzeptabel, negative Gefühle in Bezug auf den Neuankömmling zuzugeben, wenn doch jeder sagt: »Herzlichen Glückwunsch, jetzt bist du Vater!« Stattdessen sagen Sie sich vielleicht, dass das Baby mehr »ihres« sein wird und dass Sie ranklotzen werden, um die Familie zu ernähren. Ihre Frau wiederum betrachtet das Baby vielleicht ebenfalls mehr als »ihres«.

Wenn Mutter und Kind eine eigenständige Einheit zu bilden scheinen, kann dies für den »Außenseiter«-Elternteil schwierig sein. Natürlich können sich die Rollen umkehren, sobald das Kind ein bisschen älter ist. Kümmern Sie sich im Moment jedoch stärker um das Kind, sollten Sie Ihren Partner spüren lassen, dass er genauso – wenn nicht gar mehr – geschätzt, gebraucht und geliebt wird wie in der Zeit vor Ihrer Elternschaft. Und haben Sie wieder Sex, selbst wenn Ihnen nicht danach zumute ist, denn Sex ist ein wichtiger Weg, die Nähe zu Ihrem Partner wiederherzustellen.

Regel Nr. 68

Kompetenter Elternteil: Halten Sie sich zurück!

Ratloser Elternteil: Treten Sie vor!

Männer erzählen mir oft, ihre Partnerin sei die »geborene« Mutter, vor allem, wenn die Kinder klein sind. Normalerweise höre ich dann so etwas wie: »Meine Frau ist so auf unser Baby eingestellt, dass ich mich in allem ihrem Urteil beuge.« Alarm!

Einige Eltern sind zwar wahre »Naturtalente« (vor allem wenn sie mit jüngeren Geschwistern aufwuchsen), doch die meisten erwerben sich ihre Kompetenz nur durch Erfahrung und Ausprobieren. Und je mehr der eine Elternteil den Ruf »besitzt«, der Kompetente zu sein, desto inkompetenter wird der andere im Lauf der Zeit. Hüten Sie sich vor diesem Muster, und durchbrechen Sie es sobald wie möglich.

Väter (oder wer auch immer seltener zu Hause bei den Kindern ist): Reagieren Sie auf normale Gefühle des Ausgeschlossenseins und der Inkompetenz nicht, indem Sie sich aus Entscheidungen und aus der Erziehungsarbeit heraushalten. Je ungeschickter oder ausgeschlossener Sie sich fühlen, desto mehr Zeit müssen Sie allein mit Ihrem Kind verbringen.

Lassen Sie sich nicht entmutigen, wenn es ein bisschen länger dauert, bis Sie das Selbstvertrauen entwickeln, dass Sie Ihr Kind füttern, wickeln, beruhigen und letztlich dafür sorgen können, dass es ihm gut geht. Nehmen Sie außerdem Ihre eigenen Ansichten und »Instinkte« ernst und äußern Sie sie. Wenn ein Elternteil dem anderen in so wichtigen Dingen wie der Kindererziehung ständig nachgibt, schadet das der Ehe.

Mütter (oder wer auch immer mehr Zeit zu Hause verbringt): Sorgen Sie dafür, dass Ihr Partner viel Zeit mit dem Baby allein verbringt, und zwar ohne Ihre Aufsicht, Kritik, Sachkenntnis oder Ihre ausgezeichneten Ratschläge, es sei denn, er bittet darum. Wenn er wie ein Idiot herumfummelt, um ihrem strampelnden Kleinkind einen Schneeanzug überzuziehen, gehen Sie außer Sichtweite. Menschen, die um Kompetenz ringen, werden noch ängstlicher und inkompetenter, wenn man sie beobachtet oder ihnen Hilfe anbietet, um die sie nicht gebeten haben.

Verabschieden Sie sich von der Rolle des hauseigenen Experten. Je überzeugter Sie davon sind, dass Sie Ihren Partner nicht ohne eine lange Liste detaillierter Anweisungen mit dem Baby allein lassen können, desto stärker müssen Sie sich vielleicht zurücknehmen und selbst *In*kompetenz entwickeln. Versäumen Sie es nicht, ihn um seine Meinung zu bitten, wie Sie beide bestimmte Situationen mit Ihrem Kind handhaben sollen. Wenn Ihre reflexartige Reaktion die ist, dass er doch nichts von Wert anzubieten hat – nun, dann haben Sie die Perspektive verloren und müssen ihn erst recht fragen.

Für Ihr Kind ist es wichtig, dass beide Elternteile kompetent und engagiert sind. Es wird nicht zu seinem Vorteil sein, wenn sich nur einer von Ihnen für einen tauglichen Elternteil hält. Natürlich fühlen Eltern sich einen Großteil der Zeit untauglich, da dieser Job die Leistungsfähigkeit eines Menschen völlig übersteigt. Denken Sie in Kategorien von »mehr oder weniger« und unterstützen Sie einander dabei, kompetent zu werden.

Regel Nr. 69

Nähren Sie Ihre Beziehung, nicht nur Ihr Kind

Beim Durchblättern einer Zeitschrift beim Kinderarzt stoßen Sie vielleicht auf Ratschläge wie den, auf Ihre Beziehung zu achten, wenn ein Kind da ist. Das klingt so einfach wie 1, 2, 3, doch das Problem liegt darin, dass Sie zehn Gründe dafür finden werden, 1, 2, 3 nicht zu tun. Hier also finden Sie 1, 2, 3 mitsamt Ihren Ausreden, sich nicht daran zu halten.

1. *Engagieren Sie einen Babysitter.* Ihr Kind einem Babysitter zu überlassen, ist ein großer Schritt. Zum einen erfordert es Energie und Initiative, einen guten Babysitter zu finden – die in der Regel Mangelware sein werden. Zum anderen machen Sie sich natürlich Sorgen. Es ist zwar normal, die eigene Kompetenz als Eltern anzuzweifeln, doch ein Albtraum, Zweifel an der Kompetenz eines Babysitters zu haben, da Sie nicht da sein werden, um zu sehen, was passiert, und Ihr Kind vielleicht noch zu klein ist, um es Ihnen zu erzählen.
   Die Autorin Anne Lamott beschreibt diese Situation so: »Sie werden am liebsten so wie Granny Clampett* draußen vor dem Haus in einem Schaukelstuhl sitzen wollen, mit einem Gewehr auf dem Schoß. Doch das werden Sie nicht können, weil das Leben dort drau-

* Figur aus »The Beverly Hillbillies«, einer US-Comedy-Serie aus den 1960ern.

ßen herumstreift wie ein Wolf; und das wird Sie verrückt machen.«

Leben Sie mit Ihren Ängsten, und lassen Sie sich durch sie nicht davon abhalten, einen guten Babysitter zu finden, oder besser noch zwei. Einige Paare engagieren einen, der regelmäßig samstagabends oder aber an einem Wochentag kommt, damit Sie sich zu einem gemeinsamen Abendessen verabreden können. Denken Sie daran: Je länger Sie damit warten, einen guten, verlässlichen Babysitter zu finden und sich zeitweise von Ihrem Kind zu trennen, desto schwieriger wird es, weil die Angst immer größer wird.

2. *Gehen Sie aus.* Sobald Sie einen Babysitter haben, müssen Sie auch ausgehen. Diese Vorstellung wird Ihnen sicherlich widerstreben. Erstens sind Sie zu müde dazu – Sie würden viel lieber einfach schlafen gehen. Zweitens ist das Geld vielleicht knapp, sodass es logischer erscheint, sich eine DVD auszuleihen und sich zu Hause einen Film anzusehen, wenn die Kinder schlafen. Drittens haben Sie vielleicht keine Lust, allein mit Ihrem Partner auszugehen, wie Sie es vor dem ersten Kind getan haben. Worüber sollen Sie denn auch reden, außer über Dinge, die mit Ihrem Kind zu tun haben? Worüber haben Sie überhaupt geredet, bevor das Baby kam?

   Tun Sie es einfach. Es ist wichtig, gelegentlich in ein Restaurant oder ins Kino zu gehen, eine kulturelle Veranstaltung zu besuchen oder einer anderen Aktivität nachzugehen, die Ihnen Spaß gemacht hat, bevor Sie Eltern wurden. Es spielt keine Rolle, ob Sie sich langweilen oder am Ende darüber streiten, wie teuer das Essen war, weil das normal ist und Sie Ihren Widerstand gegen Verabredungen überwinden müssen. Sie könnten auch mal ausprobieren, was passiert, wenn Sie im Voraus beschließen, *nicht* über Ihr Kind, damit verbundene Themen oder irgendetwas auf der Aufgabenliste der Familie zu sprechen. Ich möchte Sie nicht drängen, aber am besten warten Sie nicht damit, bis Ihr Kind auf die Uni geht und Ihnen klarwird, dass Sie und Ihr Partner schlichtweg vergessen haben auszugehen.

3. *Gönnen Sie Ihrem Partner Zeit für sich, ohne Sie und die Kinder.* Egal wie alt Ihre Kinder sind, es ist sehr wichtig, dass Sie einander die Gelegenheit geben, Zeit ohne die Familie zu verbringen. Wieder werden Sie das nicht tun wollen, weil Ihnen viel daran liegt, Zeit mit der Familie zu verbringen, und das ohnehin zu selten vorkommt. Versuchen Sie es trotzdem. Sie werden sich vertrauter miteinander fühlen, wenn Sie sich darin unterstützen, unabhängig von der Familie etwas zu tun, was Ihnen Spaß macht. Und Ihre Kinder werden sich Ihnen beiden näher fühlen, wenn Sie die Gelegenheit haben, Zeit allein mit jedem von Ihnen zu verbringen.

Sie können dieser Liste sicher Vorschläge hinzufügen, wie Sie wieder Energie tanken könnten, damit Sie noch ein wenig davon füreinander übrig haben. Die Kinder eine Stunde früher ins Bett zu bringen, macht viel aus. Dem Rückzug ans Handy oder den Computer zu entsagen, hilft genauso, wie dem kulturellen Druck zu widerstehen, Ihr Kind an mehr als einer zusätzlichen Schulaktivität teilnehmen zu lassen. Jemanden zu finden, der Ihre Wohnung putzt – und sei es auch nur einmal im Monat –, oder sich hin und wieder mal ein Hotelzimmer ohne die Kinder zu gönnen, macht auch einen überraschenden Unterschied. Am schwierigsten ist es (abgesehen vom Finanziellen), tatsächlich etwas zu *tun*. Seien Sie nicht wie der Mann, der fröstelnd im Bett liegt und deshalb nicht einschlafen kann, aber zu müde ist, um aufzustehen und sich eine Decke zu holen.

Regel Nr. 70

Verhandeln Sie weiter über die Aufgabenverteilung

Die »Wer tut was?«-Frage wird sich nach der Geburt eines Kindes schnell stellen, selbst wenn sie bis dahin nie die Ursache von Spannungen war. Die althergebrachten Rollen des »Mannes als Ernährer der Familie« und der »Frau als derjenigen, die die Kinder großzieht« sind so fest verankert, dass es Hartnäckigkeit erfordert, sich ihnen zu widersetzen.

Nicht dass Sie sich ihnen widersetzen *sollten*, wenn sie für Sie in einer bestimmten Phase Ihres Familienlebens funktionieren. Niemand außer Ihnen kann sagen, welches Arrangement für Sie das beste ist. Denken Sie aber daran, dass nichts die Intimität schneller untergräbt, als wenn einer oder beide Partner das Gefühl haben, dass die Arbeit ungerecht aufgeteilt ist. Natürlich stellt sich die Frage »Wer tut was?« auch in einer Beziehung mit einem gleichgeschlechtlichen Partner. Der Unterschied ist der, dass Sie dieses Problem lösen werden, ohne sich an überholte Geschlechterrollen anzupassen, die so aussehen, dass *sie* automatisch die Ärmel hochkrempelt, um sich um die Kindererziehung und den Haushalt zu kümmern, während *er* die Elternschaft automatisch als Signal betrachtet, sich noch stärker auf seine Rolle als Ernährer zu konzentrieren.

In jedem Stadium des Familienlebens müssen Sie womöglich Ihre Prioritäten, Ihre Werte und Ihren Lebensplan neu überdenken. Wenn Sie derjenige sind, der mit der Arbeitsteilung zu Hause unzufrieden ist, sollten Sie die Verantwortung übernehmen, diese neu auszuhandeln.

Verhandeln heißt nicht, sich zu beschweren. Es geht dabei nicht darum, die vergangene Ungerechtigkeit aufs Tapet zu bringen, sondern ohne Streitigkeiten und Schuldzuweisungen klar zu äußern, wie der Status quo verändert werden muss. Wenn Ihr Partner fair und flexibel ist, könnten Sie eine Liste der Aufgaben erstellen, die täglich (kochen, die Küche aufräumen), wöchentlich oder vierzehntägig (den Müll rausbringen, waschen und die Wäsche der Kinder wegräumen) und periodisch (sich um Reparaturen im Haushalt kümmern) anliegen. Sie können die einzelnen Aufgaben mit Ihren Namenszeichen versehen, sodass ein mögliches Ungleichgewicht klar erkennbar ist, und gemeinsam eine neue Arbeitsteilung vornehmen. Ist Ihr Partner in dieser Hinsicht nicht fair und flexibel, sollten Sie klein anfangen und zuerst einmal nur um eine einzige Verhaltensänderung bitten.

Verhandeln heißt nicht, sich zu beschweren. Es heißt vielmehr, dass Sie ohne Streitigkeiten oder Schuldzuweisungen klar äußern, wie der Status quo verändert werden muss.

Widerstehen Sie in beiden Fällen dem Impuls, die Arbeit Ihres Partners zu übernehmen, wenn er seine Aufgaben nicht erledigt. Vergisst er zum Beispiel, dass er am Samstag und Donnerstag für das Einkaufen und Kochen verantwortlich ist, sollten Sie nicht die Hände über dem Kopf zusammenschlagen und es mit grimmiger Miene für ihn erledigen. Sie können dafür sorgen, dass gesunde Lebensmittel im Haus sind, sodass Ihre Familie sich notfalls Sandwiches machen kann. Wenn es seine Woche ist, Staub zu wischen und zu saugen, dann erwarten Sie nicht, dass er es genauso macht wie Sie – aber erwarten Sie, dass er es tut. Ihr Partner wird austesten, ob »es Ihnen wirklich ernst damit ist«, wenn Sie sagen, dass Sie ein neues, gerechteres Arrangement brauchen. Lassen Sie ihn also nicht vom Haken. Ansonsten wird sich das alte Muster im Handumdrehen wieder durchsetzen.

Einigen Menschen macht es wirklich nichts aus, den Löwenanteil der Verantwortung innerhalb und außerhalb des Hauses zu übernehmen. Solange es kein Problem gibt, gibt es auch keinen Regelungsbedarf. Doch wenn Sie wütend sind, sollten Sie nicht einfach so weitermachen. Die ständigen Spannungen und der Groll, den eine ungerechte Arbeitsteilung und das Versäumnis, darüber zu verhandeln, hervorrufen, machen eine glückliche Beziehung nahezu unmöglich.

Regel Nr. 71

Machen Sie eine neue Rechnung für die Kinderbetreuung auf

Es ist nicht fair, davon auszugehen, dass der Mann die Last des Geldverdienens schultern wird, weil Männer dies nun einmal tun oder weil sie generell mehr verdienen. Wie ein Mann es formulierte: »Meine Frau betrachtet sich als emanzipiert, und sie besteht darauf, dass ich die Hälfte der Hausarbeit übernehme. Aber sie denkt, dass es meine Aufgabe ist, sie zu ernähren, und dass sie das Recht hat, zu Hause bei den Kindern zu bleiben, wenn sie das möchte, nur weil ich mehr verdiene, als sie es könnte. Welche Art von Feminismus ist das denn?«

Recht hat er! Doch später hielt ebendieser Mann seine Frau unbewusst davon ab, eine Halbtagsstelle anzunehmen, indem er die Kosten für den Babysitter von *ihrem* potenziellen Gehalt abzog und zu dem Schluss kam, dass sie »so gut wie nichts« verdienen würde, wenn sie wieder zur Arbeit gehe. Und natürlich war es ihm lieber, wenn sie mit dem Kleinkind zu Hause blieb, ein nur allzu natürlicher Wunsch. Seine Frau machte dieselbe Rechnung auf und kam ebenfalls zu dem Schluss, dass ihr finanzieller Beitrag zum Unterhalt der Familie zu geringfügig sein würde. Es war ohnehin nicht ihr Traumjob, den sie ablehnte.

> Machen Sie eine neue Rechnung auf. Dies könnte sich als eine Ihrer besten Investitionen erweisen.

Doch ob es um die Arbeit oder das Leben als solches geht: Man muss das Gesamtbild betrachten. Oft muss man sich erst hocharbeiten, bevor man ein anständiges Gehalt verdient. Und es hat über die verdienten Euros hinaus viele persönliche Vorteile, wenn beide Partner berufstätig sind. Die Befriedigung einer beruflichen Tätigkeit sowie das Bedürfnis der Frau, in einer unsicheren Welt ihr wirtschaftliches Überleben zu sichern, flossen nicht in die oben geschilderte Kalkulation mit ein.

Machen Sie eine neue Rechnung auf. Ziehen Sie die Kosten der Kinderbetreuung von *seinem* Gehalt ab (oder *ihrem*, wenn *sie* der Alleinverdiener ist). Statt also jeden Euro für die Kinderbetreuung jedem Euro gegenzurechnen, den sie verdienen könnte, sollten Sie so über die Finanzen der Familie sprechen, dass Sie beide die Verantwortung für die Kosten der Kinderbetreuung tragen und gleichermaßen die Chancen (und Herausforderungen) einer bezahlten Tätigkeit wahrnehmen können. Zieht man die Kosten für die Kinderbetreuung von seinem Gehalt ab, wird sich zwar am Nettoeinkommen der Familie nichts ändern, doch das Gespräch darüber eine andere Richtung bekommen – ihr Beitrag wird honoriert statt herabgewürdigt. Eine andere Möglichkeit wäre, die Kosten für die Kinderbetreuung proportional von beiden Gehältern zu subtrahieren. Wenn er beispielsweise 80 000 Euro verdient und sie 20 000, dann ziehen Sie 80 Prozent von seinem und 20 Prozent von ihrem Gehalt ab.

Vielen Paaren ist heutzutage der Luxus verwehrt, in Bezug auf das Problem Arbeit und Familie eine »Wahl« treffen zu können. Vielmehr müssen sie froh sein, wenn einer von ihnen eine gut bezahlte Arbeit hat. Oft nehmen beide Partner einen oder mehrere schlecht bezahlte Jobs an, um die Familie über Wasser zu halten. Wenn Sie sich jedoch in einer solchen Situation wie der oben beschriebenen befinden, sollten Sie nach neuen Lösungswegen suchen. Eine neue Rechnung aufzumachen, mit der Sie emotional besser leben können, erweist sich vielleicht als eine Ihrer besten Investitionen.

Regel Nr. 72

Behalten Sie das Heft in der Hand

Wenn Sie zulassen, dass Ihre Kinder den Laden schmeißen, können Sie darauf wetten, dass Sie und Ihr Partner chronisch gestresst sind. Sie beide müssen das Heft in der Hand behalten, das heißt die Regeln festlegen und deren Einhaltung durchsetzen.

»Was könnte einfacher sein als das?«, fragte ich mich, bevor mich mein eigenes Kind eines Besseren belehrte. Ich war überzeugt davon, dass Steve und ich unsere Kinder im Unterschied zu diesen unfähigen Eltern im Supermarkt, deren Kinder in der Schlange vor der Kasse schrien und wild um sich schlugen, »unter Kontrolle« haben würden. Unsere Elternschaft kurierte uns beide schnell von dieser arroganten Haltung.

Menschen, die Ihnen sagen, »das Kommando zu übernehmen« sei ein leicht zu erreichendes Ziel, haben entweder keine oder »einfach zu handhabende« Kinder, die ihre Zimmer aufgeräumt halten und unaufgefordert den Tisch decken. Kinder kommen mit ihren eigenen einzigartigen DNS-Strängen auf die Welt, und einige haben eine natürliche Veranlagung zu Wohlverhalten und Verantwortung. Die Eltern eines solchen Kindes rechnen sich dessen gutes Verhalten vielleicht als Verdienst an und glauben, dass Sie und Ihr Partner Ihre ausgelassenen, hyperaktiven, rebellischen und lebhaften Kinder leicht »unter Kontrolle« bekommen könnten, wenn Sie einfach nur Regeln aufstellen und konsequent sein würden. Bis jetzt ist noch kein Mittel gegen diese Wahnidee bekannt, außer mit diesen Eltern eine Woche lang die Kinder zu tauschen und ihnen als Zugabe vielleicht noch ein paar Stiefkinder im Teenageralter draufzulegen.

Seien Sie beim Aufstellen der Regeln und deren Umsetzung geduldig mit sich. Auftauchende Schwierigkeiten sind völlig normal, nicht weil Sie ein unfähiges Team, sondern weil Sie Menschen sind. Verstecken Sie sich nicht im Besenschrank, und behalten Sie Ihre Gefühle nicht für sich, weil Sie davon überzeugt sind, dass reifere Eltern, die von ihren edlen Instinkten geleitet werden, genau wüssten, was zu tun ist.

Sich über Regeln und die Folgen ihrer Nichteinhaltung zu einigen, erfordert *nicht*, dass Sie und Ihr Partner einer Meinung sind – ob es um die Schlafenszeit Ihres Kindes geht, um die Erfüllung seines Wunsches, sich einen Vampirfilm anzusehen, oder darum, dass es seinen Brokkoli aufisst, bevor es zwei Kugeln Eis bekommt. *Es gibt keinen »richtigen Weg«, Kinder großzuziehen. Wichtig ist, dass Sie Ihre jeweiligen Ansichten respektieren und hinsichtlich der Regeln zu einem Konsens gelangen, mit dem Sie beide leben können, selbst wenn Sie unterschiedlicher Meinung sind.* Ist Ihnen dies gelungen, müssen Sie die Regeln übereinstimmend festlegen und ihre Einhaltung konsequent durchsetzen, gleichzeitig jedoch dafür offen sein, Ihre Strategie im Lauf der Zeit auch einmal zu verändern.

Sich über Regeln und die Folgen ihrer Nichteinhaltung zu einigen, erfordert *nicht*, dass Sie und Ihr Partner einer Meinung sind.

Als vernünftiges Team zusammenzuarbeiten, ist unter anderem deswegen so schwierig, weil Paare unter Stress leicht gegensätzliche Positionen entwickeln. Er steht für »Recht und Ordnung«, sie für »Liebe und Verständnis«. Er kauft nur Bio-Lebensmittel und erlaubt keinen Zucker im Haus, sie kritisiert vor den Kindern seine »Unnachgiebigkeit« und steckt ihnen heimlich Süßigkeiten zu. Er denkt, dass es vernünftig und ein Zeichen von Reife wäre, den Kindern gegenüber »Nein« zu sagen, sie findet, dass er ein geiziger Kontrollfreak ist. Er sagt Schwarz, und sie sagt Weiß.

Wenn Partner in Fragen der Erziehung nicht an einem Strang ziehen, zehrt dies an ihrer Energie und untergräbt ihre Bindung zueinander. Tatsache ist, dass Kinder nicht darunter leiden werden, ein paar Süßigkeiten zu essen oder keine zu essen oder mit *dieser* oder *jener* Erziehungsphilosophie großgezogen zu werden. Aber sie werden Ängste entwickeln oder aus der Rolle fallen, wenn sie unaufhörlich zum Fokus der Auseinandersetzungen zweier Elternteile werden, denen es nicht gelingt, im Hinblick auf Regeln und deren Durchsetzung einen kreativen Kompromiss zu erzielen.

Regel Nr. 73

Handeln Sie nicht im Alleingang

Eine verborgene Ursache für Stress in Partnerschaft und Familie liegt in einem veralteten Modell der Kindererziehung und des Familienlebens. Vielleicht schwebt Ihnen vor, dass sich alle um 18.30 Uhr zum Abendessen versammeln und die Art von zivilisierter und ungestörter Unterhaltung führen, mit der Sie aufgewachsen sind – oder sich wünschen, aufgewachsen zu sein.

Sollten Sie dies in Ihrer Familie so handhaben, nur zu! Wenn Sie jedoch eine schmerzliche Diskrepanz zwischen dem feststellen, wie es Ihrer Meinung nach sein sollte und wie es tatsächlich ist, dann seien Sie versichert, dass Sie nicht allein sind. Die Zeiten haben sich radikal geändert, und damit auch die »Familienzeit«.

Ron Taffel, in den USA einer der führenden Experten in Fragen der Kindererziehung, beschreibt »Familienmahlzeiten« im 21. Jahrhundert so:

> *Selbst wenn die Familienmitglieder am selben Tisch sitzen, isst vielleicht jeder etwas anderes – chinesisches Essen zum Mitnehmen, in der Mikrowelle erhitzte Tiefkühlpizza, Salat mit einer kalorienarmen Soße –, oft in getrennten Welten. Die vierzehnjährige Jenny schreibt unter dem Tisch eine SMS, während sie scheinbar die Frage ihrer Mutter zu einer Hausaufgabe beantwortet. Der zehnjährige Bert bittet lässig darum, dass ihm jemand »das verdammte Salz« reicht.*

Die sechzehnjährige Adelaide warnt ihre Geschwister und ihre Mutter: »Lasst mich bloß in Ruhe, denn ich krieg bald meine Tage und fühle mich richtig mies.« Jenny und Mom starten einen hitzigen Schlagabtausch über ein Konzert mitten in der Woche, und Jenny verspricht, nicht später als zwei oder drei Uhr morgens zu Hause zu sein.

Diese Beschreibung mailte ich meiner Freundin Jeffrey Ann, der einundsechzigjährigen Mutter des vierzehnjährigen Alex. Jeffrey Ann lebt in Topeka, Kansas, wo ich auch einmal gewohnt habe, und ich war mir unsicher, ob Taffels Beschreibung bei ihr überhaupt auf fruchtbaren Boden fallen würde, da Jeffrey Ann meiner Ansicht nach dem altmodischen Erziehungsstil anhängt. Zu meiner Überraschung erzählte sie mir, dass die Beschreibung ihr im Hinblick auf einige starre Erwartungen geholfen habe, die sie als Mutter frustriert hätten. Nachdem sie böse auf Alex geworden war, weil er sich geweigert hatte, das zu essen, was der Rest der Familie aß, hatte er ihr geantwortet, dass seine Freunde zu essen bekämen, was immer sie sich wünschten (Jeffrey Anns Familie gehört zu den wenigen, die an den meisten Tagen um 18.30 Uhr gemeinsam zu Abend essen). Bei einer Umfrage in einem seiner Kurse stellte Alex fest, dass er der Einzige war, der abends regelmäßig mit seinen Eltern aß. Außer Acht lassend, dass wir uns in einem neuen Zeitalter befinden, versuchen Sie vielleicht, Ihren Kindern ein unrealistisches Bild vom Familienleben aufzuzwingen.

Ich will damit nicht sagen, dass Sie und Ihr Partner den Standpunkt »Teenager sind eben Teenager« einnehmen und es zulassen sollten, dass an Ihrem Tisch geflucht wird. Sie sollten auch nicht Ihre Bemühungen aufgeben, das Abendessen zu einer Familienangelegenheit zu machen – ohne Handys und andere technische Geräte –, wenn Ihnen das wichtig ist. Ich möchte Sie nur daran erinnern, dass die Erziehung in der heutigen Welt nicht mehr so einfach ist und dass dies wiederum eine Paarbeziehung schwieriger macht. Falls Sie sich in den Untiefen der aus früheren Zeitaltern stammenden Erwartungen an das Familienleben gefangen fühlen, dann holen Sie sich Hilfe in einem Erziehungsratgeber oder suchen Sie einen Familientherapeuten auf.

Regel Nr. 74

Machen Sie Ihren Partner nicht zum »Buhmann«

Folgende Unterhaltung könnten Sie überall zufällig mit anhören: Die kleine Susie bittet ihren Vater, ihr ein Eis zu kaufen, und er sagt: »Tut mir leid, Schätzchen, aber ich kann dir keins kaufen, weil deine Mutter nicht will, dass du eins bekommst.« Sein Ton impliziert, dass er ihr wirklich gern ein Eis kaufen würde, seiner Frau jedoch gehorchen muss. Subtil schlägt er sich auf Kosten seiner Frau und seiner Ehe auf die Seite seiner Tochter. Oder (weniger subtil): »Okay, aber erzähl Mom nichts davon, weil sie sonst sauer auf mich wird.«

Es ist in Ordnung, wenn die kleine Susie versteht, dass ihre Mutter, was den Verzehr von Zucker angeht, strengere Ansichten vertritt als ihr Vater. Und es ist ein Zeichen von Kooperation, wenn der Vater sich einverstanden erklärt, die Einhaltung der von der Mutter aufgestellten Regel aus dem einfachen Grund zu unterstützen, weil sie ihr so wichtig ist. Aber sobald er der Regel zugestimmt hat, muss er Nein zu Eis sagen, ohne seine Frau zum Buhmann zu machen.

Wenn der Vater eigentlich nicht hinter dieser Regel steht, muss er das Gespräch darüber neu führen – und zwar mit der Mutter. Er könnte sagen: »Manchmal fühle ich mich einfach nicht wohl damit, die Regel ›kein Zucker vor dem Essen‹ durchzusetzen. Wenn ich mit Susie unterwegs bin und ich will ihr ein Eis kaufen, dann möchte ich das auch tun können – selbst wenn wir uns generell an diese Regel halten.« Es liegt in unserer Verantwortung, mit unserem Partner in Bezug auf

Regeln, die wir unterstützen können, zusammenzuarbeiten, und uns nicht auf die Seite des Kindes zu schlagen, so als wären wir machtlos gegenüber unserem Partner, dem Familiendiktator. Und selbst wenn unserem Partner eine bestimmte Regel wichtiger ist als uns: Wenn wir dieser Regel zustimmen, müssen wir uns auch an sie halten, statt zu versuchen, Pluspunkte bei den Kindern zu sammeln, indem wir sie – direkt oder indirekt – dazu bringen, unseren Partner für ihre Enttäuschung verantwortlich zu machen.

Hüten Sie sich vor dieser versteckten Dreieckskonstellation, in der Sie sich auf Kosten Ihres Partners auf die Seite Ihres Kindes schlagen, egal ob es sich hier um die Fünfjährige handelt, die ein Eis haben möchte, oder um den Fünfunddreißigjährigen, der wieder zurück nach Hause ziehen will (»Deine Mutter sagt, du kannst nicht wieder bei uns einziehen, obwohl ich das gern möchte«). Wenn Sie anderer Meinung sind als Ihr Partner, müssen Sie mit ihm darüber reden und ihm Ihre Gedanken mitteilen. (»Ich verstehe deine Besorgnis darüber, dass John ohne einen Plan wieder hier einzieht, aber ich fühle mich unbehaglich dabei, ihm unsere Tür zu verschließen. Können wir nicht ein paar Dinge festlegen, denen John vorher zustimmen müsste, damit du dich mit dieser Entscheidung wohler fühlst?«) Passen Sie sich nicht zu stark an, um sich dann anschließend Ihrem Kind gegenüber als der geplagte Partner einer schwierigen Ehefrau oder eines schwierigen Ehemannes darzustellen.

> **Hüten Sie sich vor der versteckten Dreieckskonstellation, in der Sie sich auf Kosten Ihres Partners auf die Seite Ihres Kindes schlagen.**

So verführerisch es auch sein mag, Ihren Partner den Buhmann sein zu lassen, wenn es darum geht, Grenzen zu setzen und Disziplin zu verlangen – Ihre Beziehung zueinander und zu Ihrem Kind werden darunter leiden. Und selbst wenn Sie kurzfristig bei Ihren Kindern punkten, senden Sie ihnen in Wirklichkeit die Botschaft, dass Sie nicht wie ein Erwachsener handeln können. Ihre Kinder verlieren schließlich entweder den Respekt vor Ihnen, oder Sie werden für sie zu einem Vorbild, dem zu folgen ihnen nicht zum Vorteil gereicht.

Regel Nr. 75

Seien Sie nett zu Ihrer Verwandtschaft – vor allem zu den Großeltern

Die Ankunft eines Kindes macht eine Veränderung aller Familienbeziehungen nötig. Kinder legen die Messlatte höher bei der Frage, wie Sie Ihre Verwandten behandeln sollten, vor allem Eltern und Schwiegereltern. Ihr Verhalten gibt Ihren Kindern vor, was Familie bedeutet, und wird Einfluss darauf haben, wie Sie sich als Erwachsene Ihnen gegenüber verhalten werden. Die Art, wie Sie mit anderen Erwachsenen aus Ihrer Familie umgehen, ist das wichtigste Vermächtnis, das Sie Ihren Kindern hinterlassen. Sie beobachten Sie.

Kinder wünschen sich nichts mehr, als dass all die wichtigen Erwachsenen in ihrem Leben miteinander auskommen. Wenn es zum Beispiel große Spannungen zwischen Ihnen und Ihrer Schwiegermutter gibt, ist Ihr Kind in einer Dreieckskonstellation gefangen und kann sich nicht frei von den Spannungen zwischen den Erwachsenen über seine eigene Beziehung zu seiner Großmutter klarwerden. Kinder brauchen ihre Großeltern, selbst wenn sie sie selten sehen und unabhängig davon, was Sie über diese Menschen denken. Und Kinder haben besonders feine Antennen dafür, wie ihre Eltern ihre eigenen Eltern behandeln.

Sie können Ihre Kinder auch nicht täuschen, indem Sie sich einfach auf die Zunge beißen und Höflichkeit heucheln. Wenn Sie innerlich kochen, weil Ihre Schwiegermutter dem elfjährigen Sohn ein elektronisches Spielzeug mitgebracht hat, nachdem Sie ihr gesagt haben: »Nichts Elektronisches«, wird Ihr

Sohn die Spannung spüren. Auch noch sehr kleine Kinder haben einen Radar für Störungen im emotionalen Bereich, und einige sind sensibler als andere. Sie haben vielleicht ein Kind, das emotionale Spannungen zwischen Erwachsenen an sich abprallen lässt, und ein anderes, das sie aufsaugt wie ein Schwamm.

Streben Sie immer danach, den Druck aus Ihrer Beziehung zu den Großeltern herauszunehmen. Ruhig und freundlich mit den Großeltern umzugehen, ist nicht dasselbe wie eine »Erlaubt ist, was gefällt«-Politik. Im Gegenteil: Sie müssen sich beide mit Ihren jeweiligen Eltern auseinandersetzen, wenn diese gewohnheitsmäßig etwas tun, was auf Kosten eines Mitglieds Ihrer Familie geht oder gegen Ihre Grundregeln verstößt. Das heißt, dass Sie Ihre Mutter bitten müssen, die Regel »kein elektronisches Spielzeug« zu respektieren, selbst wenn es Ihr Partner ist, der sich darüber aufregt. Natürlich können Sie und Ihr Partner den jeweiligen Schwiegereltern gegenüber Ihre Ansicht darlegen – aber Sie werden nicht weit kommen, wenn Ihr Partner sich aus der Auseinandersetzung heraushält und Sie damit allein lässt.

Hüten Sie sich vor dieser weit verbreiteten Dreieckskonstellation: Zwei Frauen (Ehefrau und Schwiegermutter) haben eine »problematische Beziehung«, während der Ehemann sich aus der Sache heraushält (siehe Regel Nr. 105). Dreieckskonstellationen verdecken die eigentlichen Konflikte, was es unmöglich macht, sie zu erkennen und zu lösen. Die Schwiegermutter ist zum Beispiel in Wirklichkeit wütend, weil ihr Sohn sich so distanziert verhält, macht jedoch die Schwiegertochter zur Zielscheibe ihrer Kritik. Die Ehefrau ist wütend darüber, dass ihr Mann sich gegenüber seiner eigenen Mutter nicht durchsetzt, doch dieses Eheproblem wird nicht zur Sprache gebracht, weil sie ihren Ärger gegen die Schwiegermutter richtet.

Wo immer eine Ehefrau und eine Schwiegermutter miteinander im Streit liegen, gibt es einen Sohn, der sich entweder mit seiner Mutter oder mit seiner Frau nicht auseinandersetzt. Wenn Sie Ihre Rolle in dieser Dreieckskonstellation verändern, wird sich dies positiv auf Ihre Partnerschaft und jede andere Familienbeziehung auswirken.

Regel Nr. 76

Befreien Sie sich von der fixen Vorstellung, alles richtig machen zu müssen

Seien Sie nachsichtig mit sich und Ihrem Partner, wenn die Kindererziehung nicht gut läuft. In Phasen großer Belastung ist niemand dagegen gefeit, in einem »dysfunktionalen Familienmuster« stecken zu bleiben. Warum sollten Sie und Ihr Partner die Ausnahme bilden?

Als ich mein Buch *Der Tanz ums Kind* schrieb, führte ich mit Schülerinnen mehrerer Highschools ein informelles Forschungsprojekt durch. Welche Fehler machten deren Mütter? Hunderte von Beobachtungen und ergreifenden Geschichten ließen sich schließlich in sieben Punkten zusammenfassen. Diese Mädchen sagten mir, dass ...

- ihre Mutter entweder zu beschäftigt mit sich sei oder aber sich zu stark auf sie konzentriere.
- ihre Mutter entweder zu emotional oder aber zu kühl sei.
- ihre Mutter entweder zu streng und unnachgiebig sei oder sich zu stark wie eine Freundin oder eine Gleichaltrige verhalte.
- ihre Mutter ihnen entweder nicht genug erzähle oder zu viel erzähle. (»Meine Mutter erzählt mir Dinge von meinem Vater, die ich nicht hören will; dann fühle ich mich schuldig, weil ich mir ihre Probleme nicht anhören möchte.«)
- ihre Mutter sie entweder anlüge oder ihnen mehr »Wahrheit« erzähle, als sie je hören wollten.

- ihre Mutter entweder nicht genug von ihnen erwarte oder ihre Liebe an zu viele Bedingungen knüpfe. (»Meine Mutter hat mir gesagt, dass sie mich nicht so sehr lieben würde, wenn ich lesbisch wäre. Das hat mir das Gefühl gegeben, dass sie mich überhaupt nicht liebt, denn wenn sie mich wirklich lieben würde, würde sie das auch dann tun, wenn ich anders wäre.«)
- ihre Mutter entweder kein wirkliches Mitgefühl habe oder die Gefühle der Tochter vollständig übernehme. (»Meine Mutter fühlt das, was ich auch fühle, und das hasse ich: Wenn ich down bin, ist sie down. Als mein Freund letzten Monat mit mir Schluss gemacht hat, war ich sehr traurig. Doch dann war meine Mutter auch traurig, und schließlich war ich doppelt traurig, weil es mich traurig machte, dass meine Mutter traurig war.«)

Die Beobachtungen dieser Mädchen im Teenageralter erinnern uns daran, wie schwierig es für Eltern ist, »alles richtig zu machen«. Dieser Einblick ermöglicht uns vielleicht, nachsichtiger mit uns selbst und unserem Partner zu sein, wenn es um die enorm schwierige Aufgabe der Kindererziehung geht.

Regel Nr. 77

Besinnen Sie sich auf diese zehn Überlebenstipps

1. *Unternehmen Sie keinen Alleingang.* Wir sind da, um einander zu helfen, und sobald Sie Kinder haben, werden Sie und Ihr Partner alle Hilfe brauchen, die Sie bekommen können.
2. *Meiden Sie Perfektionismus wie die Pest.* Sie verdienen vielleicht schon allein dafür einen Orden, dass Sie die meisten Tage einfach nur überstehen. Perfektionismus ist der Erzfeind aller Eltern. Vor allem Mütter fühlen sich schnell schuldig, nicht den unerreichbaren Maßstäben von wem auch immer zu genügen.
3. *Das Verhalten Ihrer Kinder ist nicht Ihre Visitenkarte.* Sie beeinflussen zwar das Verhalten Ihrer Kinder, aber das tun auch zahllose andere Kräfte. Der Psychologe Ron Taffel weist darauf hin, dass Kinder unterschiedlich gepolt sind und dass es ungefähr so sinnvoll ist, sich für ihre Probleme schuldig und verantwortlich zu fühlen wie dafür, dass Ihre Tochter das einzige Kind in der Klasse ist, das die Tafel nicht ohne Brille sehen kann.
4. *Prophezeien Sie nicht die Zukunft Ihres Kindes.* Das Leben Ihres Kindes wird viele erstaunliche und unerwartete Wendungen nehmen. Schenken Sie keinem Experten Glauben, der düstere Vorhersagen über Ihr Kind macht. Niemand kann mit Sicherheit wissen, wie die Zukunft Ihres Kindes aussehen wird.

5. *Gehen Sie davon aus, dass Kinder Ihre schlimmsten Gefühle noch verstärken.* Wie die Romanschriftstellerin Fay Weldon schon treffend bemerkte: »Der größte Vorteil, keine Kinder zu haben, ist vielleicht der, dass Sie weiterhin glauben können, ein netter Mensch zu sein. Sobald Sie Kinder haben, wird Ihnen klar, wie es zu Kriegen kommt.« Es ist ganz normal, dass Sie Ihre Kinder und Ihren Partner hin und wieder nicht ausstehen können. Sie sollten nur nicht entsprechend handeln.
6. *Konzentrieren Sie sich nicht zu stark auf ein Kind.* Wenn Sie sich auf besorgte oder gängelnde Weise zu stark auf ein Kind konzentrieren, vernachlässigen Sie wahrscheinlich andere Bereiche, denen Sie sich widmen sollten – Ihre Partnerschaft, Ihre Familienbeziehungen oder Ihr eigenes persönliches Wachstum. Verteilen Sie Ihre Fürsorge auf verschiedene Lebensbereiche.
7. *Leben Sie Ihr eigenes Leben (nicht das von jemand anderem) so gut wie möglich.* Die Art, wie Sie Ihre Beziehungen zu anderen Erwachsenen gestalten, gehört zum Wichtigsten, was Ihre Kinder von Ihnen lernen.
8. *Halten Sie den Kontakt zu Ihrer Herkunftsfamilie.* Wenn Sie an den Beziehungen zu Ihrer Herkunftsfamilie arbeiten, hilft das Ihrer Partnerschaft und Ihren Kindern. Auch Ihr Bemühen, eine ruhige, herzliche und respektvolle Beziehung zur Herkunftsfamilie Ihres Partners zu haben, wird Ihrer Beziehung und Ihren Kindern helfen.
9. *Seien Sie weniger ängstlich und überempfindlich.* Tun Sie alles dafür, ein bisschen mehr Achtsamkeit

und inneren Frieden zu erreichen. Wenn Sorge und Angst unser Denken beherrschen, verlieren wir das Geschenk des Augenblicks und werden obendrein zu schlechten Problemlösern.

10. *Gehen Sie davon aus, dass Sie ausflippen werden.* In gewissen Zeiten ist es ungefähr genauso unwahrscheinlich, dass Sie sich an die vorhergehende Regel halten, wie es unwahrscheinlich ist, dass Sie Astronaut werden. Angstgefühle werden Ihren Körper überfluten. Ihr hyperaktives Gehirn wird Sie morgens um drei mit furchteinflößenden Bildern von der Zukunft Ihres Kindes aus dem Schlaf reißen. Wecken Sie Ihren Partner nicht auf, damit er Ihre Angst teilt, auch wenn es Ihr gutes Recht ist, sich darüber zu ärgern, dass er so fest schläft.

8

Bis hierhin und nicht weiter: Erkennen Sie Ihre Toleranzgrenze

Geben und Nehmen sind unerlässlich für eine gute Beziehung. Wie es im Rolling-Stones-Song heißt: »You can't always get what you want.« (»Du kannst nicht immer bekommen, was du willst.«) Die Dinge laufen viel reibungsloser, wenn die Partner so flexibel sind, dass sie einander entgegenkommen können.

Genauso wichtig ist es jedoch zu wissen, wann man nicht nachgeben und dem anderen folgen sollte. Ihrem Partner entgegenzukommen ist keine gute Idee, wenn es gegen Ihre Grundwerte, Prioritäten und Überzeugungen verstößt. Es schadet der Beziehung, wenn wir so tolerant gegenüber dem Verhalten unseres Partners werden, dass wir zu wenig von ihm erwarten oder uns mit unfairen Arrangements abfinden. Manchmal müssen wir den Status quo infrage stellen und »Es reicht!« sagen – und es auch so meinen.

Was soll das heißen, »es auch so meinen«? Ganz klar Position zu beziehen ist kein Scheinultimatum. Es ist keine Drohung, die wir wütend ausstoßen (»Verdammt noch mal! Wenn du das noch einmal machst, gehe ich!«). Es ist kein letzter verzweifelter Versuch, unseren Partner dazu zu zwingen, sich zu ändern. Es ist keine widersprüchliche Botschaft, bei der unsere Worte das eine (»Ich kann das nicht mehr ertragen«) und unser Verhalten das andere sagt (wir ertragen es weiterhin, nachdem sich die Lage beruhigt hat).

Eine eigene Haltung entwickelt sich vielmehr aus der Konzentration auf das Selbst, aus dem tief empfundenen Bewusstsein der eigenen Bedürfnisse, dessen, was man tun und geben kann, sowie der eigenen Toleranzgrenze. Man definiert eine klare Basis für das eigene Verhalten nicht, um den Partner zu ändern oder zu kontrollieren (obwohl dieser Wunsch natürlich besteht), sondern um die Würde, die Integrität und das Wohlergehen des eigenen Selbst zu bewahren. Bei dieser Basis geht es um das »Ich«: »Das ist es, was *ich* denke.« »Das ist es, was *ich* fühle.« »Dies sind die Dinge, die *ich* tun oder nicht tun kann.«

Eine eigene Haltung kann man nicht vortäuschen oder sich von seiner durchsetzungsfähigen besten Freundin borgen. Jede hat eine andere Basis für sein Handeln, auch wenn sie uns vielleicht erst dann bewusst wird, wenn wir auf dem Prüfstand stehen. Es gibt keine »korrekte« Basis, die für uns alle zutrifft. Auch wenn es keinen Mangel an Ratschlägen gibt, können weder Ihre beste Freundin noch Ihr Therapeut wissen, welches in Ihrer Beziehung das »richtige« Maß an Geben, Tun oder Sichanpassen ist und welchen neuen Standpunkt Sie um Ihrer selbst willen einzunehmen bereit sind.

Die Regeln in diesem Kapitel beschreiben eine Reihe von Situationen, in denen ein klarer Standpunkt gefordert ist. Sie reichen von dem, was im Alltag von Paaren eine Rolle spielt (»Du musst die Küche putzen«), bis hin zu Grundsatzerklärungen (»Wenn sich dies nicht ändert, glaube ich kaum, dass ich die Beziehung weiterführen kann«). Denken Sie gründlich über jede einzelne nach, während Sie daran arbeiten, ein starkes »Ich« innerhalb des »Wir« Ihrer Beziehung zu definieren. Diese Herausforderung ist das Herzstück sowohl einer Beziehung als auch des Selbst.

Regel Nr. 78

Fangen Sie klein an

Wenn Sie sich in Ihrer Beziehung zu stark angepasst haben, kann selbst eine kleine Veränderung ein großer Schritt sein.

Stanley vermied Konflikte in seiner Ehe um jeden Preis. Er sprach mit seiner Frau nie über etwas, was Meinungsverschiedenheiten hätte ans Tageslicht bringen und ihr pseudoharmonisches »Wir« hätte stören können. Er konnte sich nicht erinnern, wann er das letzte Mal »Nein, da stimme ich dir nicht zu« gesagt und dann fest zu seiner Meinung gestanden hatte.

Doch dann fasste Stanley sich ein Herz und experimentierte damit, sich stärker durchzusetzen. Er sagte seiner Frau zum Beispiel, dass er Lust habe, ein bestimmtes Hemd und seine Jeans zu tragen, statt sich immer ihrem Geschmack oder ihrer Kleidungsordnung zu fügen (»Vielleicht hast du recht, dass ich für die Party zu schlicht angezogen bin, aber heute Abend möchte ich es bequem haben«). Er begann, sich in Restaurants ohne ihre Beratung etwas von der Speisekarte zu bestellen (»Ich weiß, dass dieses Restaurant berühmt für seinen Fisch ist, aber mir ist heute nach Pasta«). Wenn es für Stanley zu schwierig gewesen wäre, sich in diesen Punkten zu behaupten, hätte er mit etwas noch Kleinerem anfangen können.

> Wirklicher Wandel vollzieht sich in einer Paarbeziehung oft im Schneckentempo. Doch was zählt, ist die Richtung und nicht die Geschwindigkeit der Reise.

Seine Meinung zu diesen kleinen Dingen zu äußern, gab Stanley so viel Selbstvertrauen, dass er sich an eine größere

Sache wagte. Seit mehreren Jahren hatte er Anrufe von seiner Mutter nur im Büro entgegengenommen, weil seine Frau ihre Schwiegermutter nicht ausstehen konnte und wollte, dass Stanley nichts mit ihr zu tun hatte. Er hielt den Kontakt mit seiner Mutter »halb geheim«, um nicht mit der Wut seiner Frau konfrontiert zu werden. »Es lohnt sich nicht, darüber zu streiten«, sagte er sich.

Es war ein großer Fortschritt, als Stanley von zu Hause aus mit seiner Mutter telefonierte und sich der Wut und der Kritik seiner Frau stellte. Er wisse, dass seine Mutter sehr schwierig sein könne, antwortete er seiner Frau, aber sie sei schließlich seine Mutter, und es sei für ihn wichtig, Kontakt zu ihr zu haben. Als die Gegenreaktion einsetzte (»Du wirst dich zwischen ihr und mir entscheiden müssen!«), hielt Stanley mit Würde an seinem Standpunkt fest (»Ich liebe euch beide, und ich brauche euch beide«). Wenn seine Frau verächtlich über Stanleys Mutter sprach und sie eine »alte Hexe« nannte, forderte er sie auf, dies zu unterlassen. Er sagte: »Hör mal, ich will mir gern anhören, was du über meine Mutter denkst, aber mit den Beschimpfungen und Beleidigungen muss Schluss sein.«

Sie müssen nicht gleich vom 10-Meter-Brett springen, um sich darin zu üben, in Ihrer Beziehung einen klaren Standpunkt einzunehmen. Gehen Sie die Sache langsam und in kleinen Schritten an. Das wird es Ihnen ermöglichen, die Wirkung jeder neuen Verhaltensweise auf Ihre Beziehung zu beobachten und zu sehen, wie Sie mit den Ängsten zurechtkommen, die der Wandel hervorruft. Schaffen Sie es, den Kurs zu halten und mit der Gegenreaktion Ihres Partners fertigzuwerden, ohne wütend oder abwehrend zu reagieren und wieder in die alten Muster zu verfallen?

Wandel ist ein beängstigendes Unterfangen, selbst wenn wir uns aktiv darum bemühen. Einige Menschen sind in dieser Hinsicht sehr ehrgeizig und wollen zu schnell zu viel erreichen. Dadurch fühlen sie sich zuweilen überfordert, was ihnen als großartige Ausrede dient, gar nichts zu tun. Wirklicher Wandel – das heißt Unterschiede, die tatsächlich etwas bewirken – vollzieht sich in einer Beziehung oft im Schneckentempo. Doch was zählt, ist die Richtung und nicht die Geschwindigkeit der Reise.

Regel Nr. 79

Zeigen Sie Ihrem Partner, dass Sie es ernst meinen

Manchmal stößt es bei Ihrem Partner auf taube Ohren, wenn Sie Ihren Standpunkt nur mit Worten beschreiben. Vielleicht müssen Sie ihm dann *zeigen*, dass Sie es ernst meinen, was immer dieses »es« auch sein mag.

Das folgende Beispiel aus meiner Ehe liegt noch nicht lange zurück. In der Küchenspüle stapelte sich schmutziges Geschirr. Ich hatte in jener Woche Küchendienst, und Steve sagte mir wiederholt, dass das wachsende Chaos ihn störe. Als ich ihn weiterhin ignorierte, erklärte er mir schließlich, wir würden erst wieder etwas zusammen unternehmen, wenn ich aufgeräumt hätte. Obwohl ich also große Lust hatte, an jenem Freitagabend ins Kino zu gehen, weigerte Steve sich mitzukommen. Und es war klar, dass er auch meiner Bitte nach Hilfe nicht so wie sonst nachkommen würde.

Ich wusste, dass Steve es ernst meinte, weil ich meinen Mann kenne. Er brauchte mir seinen Standpunkt nicht zu erläutern oder mir einen Vortrag zu halten. Statt ins Kino zu gehen, spielte er Gitarre, und ich räumte auf, angetrieben von einem Gefühl der Fairness, aber auch des Eigennutzes, denn ich brauchte Steves Hilfe mit meinem Computer und wollte wirklich gern mit ihm ausgehen.

Ich will damit nicht sagen, dass Steve und ich unsere Meinungsverschiedenheiten immer dadurch lösen, dass wir eine eindeutige Position dazu einnehmen, womit wir leben können und womit nicht. Es ist nicht unsere Art, Dinge lange schleifen zu lassen oder in den Streik zu treten, wenn uns nicht gefällt, was der andere tut. Normalerweise helfen uns Lockerheit, Humor und nicht abreißende Kommunikation, kleinere wie auch größere Meinungsverschiedenheiten zu lösen.

Abgesehen davon wissen wir beide, dass es eine Grenze gibt, die wir nicht überschreiten dürfen, dass es bestimmte Verhaltensweisen gibt, die der andere auf Dauer nicht tolerieren wird. Paare kennen normalerweise die Toleranzgrenze des jeweils anderen, selbst wenn sie nicht ausdrücklich darüber gesprochen haben, so wie Kinder wissen, womit sie ungestraft davonkommen und womit nicht. Und so wie ein Kind testet ein Partner vielleicht die Grenzen aus, bis der andere sagt: »Es reicht!«, und es wirklich ernst meint. Das ist unsere Toleranzgrenze.

Regel Nr. 80

Gehen Sie sorgfältiger mit Ihrer Energie um

Wollen wir unseren eigenen Standpunkt klären, müssen wir uns bewusst machen, wie viel wir ohne Probleme tun oder geben können. Wenn unser Partner auf unsere Bitten, mehr zu tun, nicht reagiert, müssen wir einen Weg finden, mit unserer Energie zu haushalten und uns mehr Zeit für uns selbst zu nehmen. Zu sagen »Mehr kann ich nicht tun« ist eine eindeutige Position, die es in einer Partnerschaft festzulegen gilt.

Lisa, eine meiner Klientinnen, beklagte sich über ihren Mann Richard, der zu Hause nicht mit anpackte, obwohl beide ganztags arbeiteten. Wie gelang es Lisa, die alten Streitigkeiten zu beenden und einen neuen Standpunkt zu finden?

Zunächst wählte sie eine Zeit, in der sie Richard gegenüber ein gutes Gefühl hatte. Sie sagte: »Du weißt, dass ich ein Problem damit habe, so viel von der Hausarbeit zu erledigen. Das führt unter anderem dazu, dass ich am Ende immer gereizt bin, weil ich meiner Meinung nach mehr als meinen fairen Anteil der Last trage. Ein noch größeres Problem ist, dass ich einen Großteil der Zeit erschöpft bin, und ich muss einen Weg finden, mehr Zeit für mich zu haben.« Lisa bat Richard um seine Ansichten dazu und sagte ihm auch ausdrücklich, welche Hilfe sie sich von ihm wünschte. Richard versprach, sich zu bessern. Einige Monate vergingen, ohne dass sich etwas änderte.

Schließlich kam der Tag, an dem Lisa in Übereinstimmung mit ihren Worten handelte. Sie erstellte eine Liste der Aufgaben, die sie weiterhin übernehmen wollte (ein sauberes Wohnzimmer und eine saubere Küche waren ihr zum Beispiel wichtig, sodass sie dort für Ordnung sorgen wollte), und eine Liste der Aufgaben, die sie nicht mehr übernehmen wollte und von denen sie hoffte, dass Richard sie erledigen würde. Dann zeigte sie Richard die Liste. Seine Reaktion war die, zwei Monate lang ihre Geduld auf die Probe zu stellen. Er schmollte, beklagte sich und wurde sogar noch chaotischer als zuvor. Lisa hielt ruhig an ihrem Standpunkt fest, ohne Wut oder Abwehr. Sie kümmerte sich auch weiterhin mehr um den Haushalt, weil ihr ein sauberes Haus wichtiger war als Richard, ließ jedoch die Aufgaben, die sie wie angekündigt nicht länger übernehmen wollte, unerledigt.

Lisa kochte nur noch an drei Abenden pro Woche, sodass Richard sich an den anderen Abenden und wenn er spät von der Arbeit nach Hause kam, selbst etwas zu essen machen musste. Sie fand auch noch andere Möglichkeiten, sparsam mit ihrer Zeit und Energie umzugehen. Wenn Richard Freunde oder Kollegen zum Essen einlud, erledigte sie weder die Einkäufe, noch kochte sie, war jedoch gern bereit, ihm zu helfen. Es war schwer für Lisa, Richard schmollen zu lassen, doch ich versicherte ihr, dass – soweit ich wusste – noch niemand am Schmollen gestorben sei. Richard beteiligte sich schließlich mehr an der Hausarbeit, doch selbst wenn er das nicht getan hätte: Lisa hatte gelernt, sich weniger aufzuladen.

Lisa nahm diesen neuen Standpunkt in ihrer Partnerschaft aus einem Gefühl der Verantwortung sich selbst gegenüber ein; ihr Handeln war nicht gegen Richard gerichtet. Sie sprach mit ihm über ihre Verletzlichkeit und ihre Grenzen (»Ich bin zu erschöpft, um so weiterzumachen wie bisher«), was nicht leicht für sie war. Als Erstgeborene und Überfunktionierende gehörte es nicht zu ihrem natürlichen Repertoire, mit anderen auf eine Weise über ihre Bedürfnisse zu sprechen, die deutlich machte, dass sie Hilfe brauchte. Richard ihre Grenzen zu zeigen, war ein wichtiger Schritt auf dem Weg, sich um sich selbst zu kümmern.

Folgen Sie Lisas Beispiel. Vergessen Sie nicht, dass Wandel ein Prozess ist, der sich nicht aufgrund eines flüchtigen Gesprächs vollzieht, in dem Sie verkünden, was Sie nicht länger tun werden. Bleiben Sie wie gehabt auf sich selbst konzentriert, und verwenden Sie die »Ich«-Sprache. Wenn Sie sich darauf fokussieren, Ihren Partner zu ändern oder ihm eins auszuwischen, werden Sie wohl kaum einen positiven Wandel herbeiführen.

Regel Nr. 81

Bleiben Sie locker, auch wenn Sie Ihren Standpunkt entschieden vertreten

Einen klaren Standpunkt einzunehmen, heißt nicht, die Arme vor der Brust zu verschränken und in ernstem Ton gewichtige »Ich«-Aussagen zu machen. Eine nicht verhandelbare Position lässt sich nur mit innerer Überzeugung, Selbstachtung, Mut und einem gesunden Gefühl für das, was Ihnen zusteht, entwickeln. Um gehört zu werden, müssen Sie vielleicht die Lautstärke und Intensität verringern statt erhöhen.

Wenn Sie darum kämpfen, zu Ihrem auf beiden Ohren tauben Partner durchzudringen, müssen Sie als Erstes vielleicht Ihre Beziehung pflegen. Gehen Sie auf liebevolle und großzügige Weise auf Ihren Partner zu, indem Sie die Regeln in den ersten Kapiteln dieses Buches befolgen, bevor Sie vorschnell mit einer nicht verhandelbaren Position aufwarten. Ihr Partner wird Ihnen nicht gut zuhören, wenn der vorherrschende Ton in Ihrer Beziehung ein feindseliger, kritischer und kühler ist. Tun Sie Ihr Bestes, um ein Klima der Liebe und des Respekts zu erzeugen.

Heben Sie auch das Positive hervor, selbst wenn Sie sich in der Rolle des Kritikers befinden. Sie könnten eine Liste erstellen, für welche Eigenschaften Ihres Partners Sie dankbar sind. Dies wird Ihnen helfen, ihn zu loben, bevor Sie ihm sagen, was sich Ihrer Meinung nach verändern muss. Und vergessen Sie nicht: Man kann sehr unterschiedliche Positionen auch mit einem lockeren, liebevollen Ton vertreten.

Regel Nr. 82

Stellen Sie sich darauf ein, getestet zu werden

Erwarten Sie nicht, mit Zustimmung und Applaus begrüßt zu werden, wenn Sie die bestehende Situation infrage stellen. Wirklicher Wandel geht mit Widerstand einher – stellen Sie sich also darauf ein!

»Gegenreaktionen« – die bewussten oder unbewussten Versuche unserer Partner, sich gegen Veränderungen zu wehren – sind nur natürlich, wenn wir unsere Schritte im vertrauten Reigen verändern. Laut der Familiensystemtheorie verläuft der Wandlungsprozess folgendermaßen:

Einer der Partner beginnt, ein klareres, unabhängigeres Selbst zu definieren, zieht eine Grenze oder stellt die Rollen und Regeln des Systems infrage. Angst macht sich breit. Dann setzen die »Gegenreaktionen« ein: Sie werden eventuell beschuldigt, sich illoyal, egoistisch, völlig unangebracht, verrückt oder einfach völlig falsch zu verhalten. Ihr Partner wird vielleicht wütend oder deprimiert. Unter Umständen setzt jetzt Ihr eigener Widerstand gegen eine Veränderung ein. Sie geben möglicherweise Ihren neuen Standpunkt auf, weil Sie zu dem Schluss kommen, dass Ihr Partner zu schwierig, schwach, wütend oder deprimiert ist, um mit der von Ihnen geplanten Veränderung und Ihrem neuen Standpunkt fertigzuwerden. Das Ende vom Lied: Es findet überhaupt kein Wandel statt.

Wirklicher Wandel geht mit Widerstand einher – stellen Sie sich also darauf ein!

Ihre Aufgabe besteht nicht darin zu verhindern, dass es zu Gegenreaktionen kommt, denn das können Sie nicht. Sie müssen diese vielmehr vorhersehen und trotzdem an Ihrem Standpunkt festhalten, ohne abwehrend zu sein oder zum Angriff überzugehen. Allerdings kann sich die Situation dann zunächst verschlechtern, bevor eine Besserung eintritt. Die Phase, in der Sie auf dem Prüfstand stehen, ist jedoch kein Grund, Ihre Position aufzugeben, sondern Teil des Wandlungsprozesses.

Rosie erklärte ihrem Mann John, dass sie seine schwere Depression nicht mehr vor seiner Familie und den engsten Freunden geheim halten könne, wie er es seit fast einem Jahr von ihr verlangt hatte. »Mir wäre es lieber, wenn du ihnen selbst davon erzählen würdest«, sagte sie, »aber wenn du das nicht kannst, werde ich es tun.« Und das tat sie dann auch. Ihrem Gefühl nach – und das zu Recht –, verhinderte ihr Verhalten, die schwere Depression als Schande anzusehen, dass John (und sie selbst) dringend benötigte Hilfe erhielt. Außerdem musste sie, um das Geheimnis zu wahren, ständig lügen, was sie sehr mitnahm.

Als Rosie mit Johns Eltern und einigen ihrer engsten Freunde über Johns Depression sprach, war dieser sehr wütend. Er schmollte, lief mit einer verbitterten Miene herum und drohte, ihr nie wieder etwas zu erzählen, weil sie sein Vertrauen missbraucht habe. Zuerst geriet Rosie in Panik und glaubte, dass sie dazu beigetragen habe, Johns Depression zu verschlimmern. Verängstigt und verwirrt zog sie sich zurück.

Ich ermutigte Rosie, John Raum für eine Reaktion zu geben und seine Gegenzüge nicht mit dem längerfristigen Effekt des in Gang gesetzten Wandels zu verwechseln. Ich erinnerte sie auch an die Gründe, aus denen sie ihren neuen Standpunkt eingenommen hatte: Der Status quo war für sie nicht haltbar. Und sie glaubte auch nicht, dass die Heimlichtuerei John wirklich half. Es ist Rosie hoch anzurechnen, dass sie John, als er seinem Ärger Luft machte, genau zuhörte, ohne ihn abzuwehren oder sich zu entschuldigen. Stattdessen wiederholte sie liebevoll und aufrichtig die Gründe für ihre Haltung:

> *Ich verstehe, dass du wütend auf mich bist. An deiner Stelle wäre ich das wahrscheinlich auch. Aber es hat mir zunehmend Angst gemacht, dass deine Depression immer schlimmer wurde und keiner meiner Vorschläge, was du tun könntest, geholfen hat. Ich habe solche Angst, dass ich eine so wichtige Sache nicht mehr weiter vor Menschen geheim halten kann, die uns beide gern haben. Und wenn du, Gott behüte, dir Schaden zufügen oder dir das Leben nehmen solltest, könnte ich es mir nie verzeihen, geschwiegen zu haben. Um meiner selbst willen brauche ich mehr Leute im Team. Ich hoffe sehr, dass wir uns alle gegenseitig unterstützen und auch dir helfen können.*

John nahm irgendwann wegen seiner Depression Hilfe in Anspruch, obwohl Rosie ihm einen gehörigen Tritt in den Hintern verpassen musste, damit er zu seiner ersten Therapiestunde ging. Er verstand Rosies grundlegende Haltung (»Ich kann eine so wichtige Sache nicht weiter geheim halten«) schließlich als Zeichen der Liebe und der Besorgnis und nicht als Betrug. Doch auch wenn er mal wieder wütend war, blieb Rosie standhaft. Ihre Haltung basierte auf dem, was sie für richtig hielt, und nicht auf ihrer Angst vor Johns Reaktion. Rosie weigerte sich – zu ihrem eigenen wie auch zu Johns Wohl – als Geisel seiner Depression gehalten zu werden.

Regel Nr. 83

Erst denken, dann handeln!

Nehmen Sie keinen Standpunkt ein, der sich für Sie nicht richtig anfühlt. Auch wenn Ihre beste Freundin Ihnen rät: »Sag einfach Nein« oder »Lass dich nicht so von ihm behandeln« – Sie allein wissen, was für Sie am besten ist.

Brenda, eine meiner Klientinnen, war wütend auf ihren Mann Glen. Er räumte seine Kisten mit Büchern und anderen Habseligkeiten nicht aus der Garage, wo er sie vor mehreren Monaten untergestellt hatte, sodass kein Platz für das Auto geblieben war. Eine enge Freundin bearbeitete Brenda, Stellung zu beziehen: »Sag ihm, dass du sein Zeug zu einer Wohltätigkeitsorganisation bringst, wenn er die Garage nicht bis Ende des Monats leer räumt.«

Brenda folgte dem Rat ihrer Freundin und stellte ihrem Mann das Ultimatum. Glen räumte die Kisten nicht weg, und am ersten des nächsten Monats verschwanden sie. Glen war wütend, und Brenda fühlte sich unvorstellbar schuldig. Ihr schlechtes Gewissen bot ihr eine bequeme Entschuldigung, wieder ihre frühere Haltung einzunehmen, das heißt für ihre Beziehung zu viel von sich selbst aufzugeben. Schließlich war sie dem Rat ihrer Freundin gefolgt, und der hatte alles nur noch schlimmer gemacht.

War die Lösung mit der Wohltätigkeitsorganisation »falsch«? Nicht unbedingt. Für ihre beste Freundin wäre sie vielleicht richtig gewesen, aber nicht für Brenda. Hätte Brenda sich die Zeit genommen, in sich hineinzuhören, wäre sie vielleicht auf eine Lösung entsprechend ihrer Persönlichkeit und ihren Werten und nicht denen ihrer Freundin gestoßen. Vielleicht hätte sie einen Studenten engagiert, ihr dabei zu helfen, die Kisten ins Arbeitszimmer ihres Mannes oder auf den Speicher zu bringen.

Brenda hätte natürlich auch zu dem Schluss gelangen können, dass sie nicht bereit wäre, irgendetwas wegen der Kisten zu unternehmen. Wenn wir in einer Sache einen festen Standpunkt einnehmen, zieht dies unweigerlich andere Dinge nach sich. Vielleicht fühlte Brenda sich noch nicht in der Lage, das zentrale Problem in ihrer Ehe anzugehen, das nichts mit Kisten zu tun hatte. Vielmehr ging es darum, dass ihr Mann gern ihre berechtigten Bitten und Beschwerden ignorierte. Dadurch fühlte sie sich in der Beziehung allein gelassen.

Wenn wir die Beziehung anderer Paare betrachten, mag uns der »richtige« Standpunkt klar auf der Hand liegen. Doch in unserer eigenen Beziehung Grenzen zu ziehen, kann zutiefst verwirrend sein. Vielleicht sind Sie sich zunächst völlig im Klaren darüber, was Sie wollen, nur um dann festzustellen, dass sich Ihr Denken vernebelt, wenn Ihr Partner nicht so reagiert, wie Sie sich dies wünschen. Manchmal ist es schon ein Akt der Klarheit und Selbstdefinition, sich seine Verwirrung einzugestehen und die Entscheidung zu fällen, dass man nicht bereit ist, sich mit einem Problem in der Beziehung auseinanderzusetzen.

Regel Nr. 84

Seien Sie standfest wie eine Eiche und biegsam wie ein Grashalm

Ein Grundsatz muss nicht in Stein gemeißelt sein. Sie können ihn immer wieder neu bewerten, wenn neue Gesichtspunkte auftauchen. »Es ernst zu meinen« heißt nicht, dass Sie Ihre Meinung nicht ändern können.

Als Annette und Elena zu mir zur Paartherapie kamen, hielt Annette nur noch halbherzig an der dreijährigen Beziehung fest. Sie konnte es einfach nicht länger ertragen, dass Elena ihren Eltern nicht die Wahrheit gesagt hatte – dass sie immer noch vorgab, Annette sei ihre beste Freundin und Mitbewohnerin statt ihre Lebensgefährtin.

»Ich kann nicht damit leben, dass Elena unsere Beziehung wie ein Geheimnis behandelt, für das man sich schämen muss«, erklärte sie mir in unserer ersten Sitzung. Ihre ursprüngliche Haltung gegenüber Elena war folgende: »Wenn du es ihnen bis Thanksgiving nicht sagst, bin ich weg!« Nachdem Sie sich ein wenig beruhigt hatte, formulierte sie ihren Standpunkt neu: »Ich gehe erst wieder zu deinen Eltern nach Hause, *nachdem* du es ihnen gesagt hast.« Und dann, halb im Scherz: »Vielleicht gehe ich an Thanksgiving hin und verkünde es ihnen beim Essen selbst.«

»Es ernst zu meinen« heißt nicht, dass Sie Ihre Meinung nicht ändern können.

Als ich für jede der beiden Frauen ein Genogramm (Familiendiagramm) erstellte, wurde ein auffälliger Unterschied in den Familienmustern deutlich. In Annettes Familie war Blut dicker als Wasser. Was zählte, war die Zusammengehörigkeit der Familie. Auch wenn Onkel Charlie sich einer sonderbaren religiösen Sekte angeschlossen hatte, gehörte er nach wie vor zur Familie und wurde immer zu Familienfeiern eingeladen.

Im Gegensatz dazu wurde in Elenas Familie Anderssein nicht toleriert. Wenn man sich mit einem Familienmitglied stritt, konnte es passieren, dass der Betreffende einem nie vergab oder nie wieder mit einem sprach. Elenas Mutter hatte zum Beispiel seit dem Tod ihrer Mutter vor acht Jahren kein Wort mehr mit ihrer älteren Schwester gewechselt. Sie hatte es ihrer Schwester nie verziehen, dass sie allein die Entscheidungen über die Pflege der Mutter getroffen hatte.

Elenas Vater wiederum hatte die Beziehung zu sämtlichen Geschwistern abgebrochen, als er sich um seinen rechtmäßigen Platz im Familienunternehmen betrogen fühlte. Er hatte auch keinen Kontakt mehr zu seinem erwachsenen Sohn aus einer früheren Ehe. Dieses Muster, Kontakte abzubrechen, ließ sich bei der Familie von Elenas Mutter wie auch der ihres Vaters mindestens drei Generationen lang zurückverfolgen.

Während der Therapie entwickelte Annette nach und nach mehr Mitgefühl für Elenas Dilemma. Sie verstand, dass Elena Angst davor hatte, sie könne ihre Familie verlieren, wenn sie sich outete. Das bedeutete nicht, dass Annette ihren Standpunkt völlig aufgab. Sie blieb dabei, dass Elena sich auf den *Weg* machen musste, sich zu outen. Doch sie verstand nun, wie wichtig es war, dass Elena dabei wohlüberlegt und strategisch vorging. Es würde Zeit brauchen.

Dass Annette ihre ursprüngliche Haltung (»Sag es ihnen jetzt oder …«) änderte, war kein Zeichen von Schwäche oder zu starker Anpassung. Im Gegenteil: Es zeugte von ihrer Fähigkeit, angesichts neuer Fakten, die es ihr ermöglichten, das

Problem aus einer umfassenderen Perspektive zu betrachten, mitfühlend und flexibel zu sein.

Wir können einen eindeutigen Standpunkt einnehmen, ohne starr an ihm festzuhalten. Selbst wenn unsere Position anfänglich eine nicht verhandelbare ist, können neue Erkenntnisse uns dazu herausfordern, unser Denken und Fühlen neu zu bewerten.

Regel Nr. 85

Wann Sie über eine Trennung sprechen sollten und wann nicht

Nichts wird Ihre Beziehung schneller untergraben, als das Thema Trennung oder Scheidung als Teil Ihres Streitrepertoires einzusetzen. Eine Beziehung durchläuft viele gute und schwierige Zeiten, wobei Sie es während der »Down«-Phasen unbedingt vermeiden sollten, Pessimismus hinsichtlich Ihres Zusammenbleibens zu verbreiten. Wiederholte negative Ankündigungen bewahrheiten sich gern. Wenn Sie in einer festen Beziehung leben, dann setzen Sie sich auch mit ganzer Kraft dafür ein.

Abgesehen davon müssen Sie, wenn Sie immer wieder ernsthaft über eine Trennung nachdenken (und zwar nicht nur während einer Auseinandersetzung), natürlich über dieses Thema sprechen. Jeder hat das Recht zu wissen, was auf dem Spiel steht, wenn er sein Verhalten nicht ändert. Sie schulden Ihrem Partner Aufrichtigkeit, damit er die Chance hat zu entscheiden, ob ihm die Beziehung wichtig genug ist, um notwendige Veränderungen vorzunehmen (sich einen Job zu suchen, sich an der Hausarbeit und der Kindererziehung zu beteiligen, sich einer stationären Suchtbehandlung zu unterziehen, Sie mit Respekt zu behandeln).

Ich erlebe es in meiner Berufspraxis immer wieder, dass mir völlig am Boden zerstörte Männer erklären, ihre Partnerin habe sie »aus heiterem Himmel« verlassen. Ihre Frauen hingegen glauben, sie hätten ihre Wut und Unzufriedenheit schon seit Langem zum Ausdruck gebracht. Oft haben beide recht.

Er hat nicht gut genug zugehört, und sie hat sich nicht deutlich genug ausgedrückt. Vielleicht hat sie sich wiederholt beschwert und ist dann wieder »zur Tagesordnung« übergegangen, statt das Gespräch so weiterzuführen, dass sie nicht ignoriert werden konnte.

Es ist nicht fair, das Thema Trennung erst zur Sprache zu bringen, nachdem Sie bereits beschlossen haben zu gehen, und Ihr Partner keine Chance mehr zu einer Verhaltensänderung hat. Eine Paarbeziehung hat viel mehr Potenzial zum Wandel, als Sie vielleicht annehmen. Beachten Sie deswegen Folgendes: Sie sollten eine Trennung nicht erwähnen, wenn Sie wütend oder weit davon entfernt sind, auch entsprechend zu handeln. Wenn Sie jedoch ernsthaft erwägen, sich von Ihrem Partner zu trennen, müssen Sie es ihm sagen, bevor Sie eine unwiderrufliche Entscheidung treffen. Die folgende Regel zeigt, wie Sie dies tun können.

Regel Nr. 86

Sorgen Sie dafür, dass Sie gehört werden

Mit der Aussage »Ich bin mir nicht sicher, ob ich diese Beziehung noch aufrechterhalten kann, wenn sich bestimmte Dinge nicht ändern«, zeigen Sie auf, wo Ihre Toleranzgrenze liegt. Wenn Sie mit bestimmten Dingen wirklich nicht leben können, müssen Sie sich Gehör verschaffen, statt den Schluss zu ziehen, dass der andere nicht zuhören kann.

Manchmal kann Ihr Partner sich einfach nicht vorstellen, dass Sie jemals gehen würden, weil Sie sich schon so oft beschwert und ihm mit Trennung gedroht haben, ohne dass die Beziehung wirklich infrage gestellt wurde. Wenn die Beziehung tatsächlich auf dem Spiel steht, müssen Sie das Gespräch darüber auf einer völlig anderen Ebene führen. Die erste Herausforderung besteht darin, genau zu wissen, wo Sie selbst stehen – was nicht leicht ist. Dann müssen Sie Ihrem Partner klarmachen, was los ist, möglicherweise auch durch eine handgeschriebene Mitteilung (bitte keine E-Mail oder SMS, wenn es um wichtige Themen geht).

Ruth kam zu mir in die Therapie, weil sie herausgefunden hatte, dass ihr Mann Bill während ihrer zehnjährigen Ehe vier Affären hatte, und sie vermutete, nachdem sie seine E-Mails und Aufenthaltsorte geprüft hatte, dass es wohl noch viele weitere Affären mit und ohne Sex gab. Beide waren sich darin einig, dass Bill generell keine Beziehungen zu Frauen haben konnte, die nicht zu einer sexuellen oder emotionalen Affäre führten.

Zu Beginn unserer Sitzungen sprach Ruth mehr über Bills zwanghaftes Bedürfnis, Affären mit anderen Frauen zu haben, als über ihre eigenen Probleme. »Ich liebe ihn«, sagte sie mir. »Manchmal bin ich wütend und manchmal traurig, aber ich weiß, dass Männer wie Bill ihr Verhalten oft nicht kontrollieren können.«

Im Verlauf der Therapie begann Ruth, sich auf sich selbst zu konzentrieren, denn sie musste eine wichtige Entscheidung treffen: Wie lange konnte sie noch so weiterleben, wenn sich nichts änderte? Ein Jahr? Fünf Jahre? Zehn? Für immer? Ruth überlegte, ob sie Bills Verhalten tolerieren konnte, obwohl er ihr damit Schmerz zufügte. Wenn sie sich dazu entschied, musste sie sich emotional distanzieren und lernen, damit zu leben. Dies würde bedeuten, dass sie ihre ineffektiven Bemühungen aufgab, Bill zu ändern, zu kritisieren, zu erziehen, zu überwachen oder zu bemuttern, und stattdessen ihr Leben weiterlebte.

Wenn Ruth allerdings zu der Erkenntnis gelangte, dass sie Bills Verhalten nicht länger tolerieren konnte, bestand die Herausforderung darin, dafür zu sorgen, dass er dies verstand. Letzteres war dann schließlich der Fall.

Als Ruth klar wurde, dass sie es in einer nicht monogamen Ehe nicht länger aushielt, spielte es keine Rolle mehr, ob Bills Verhalten von seinen Hormonen, seiner Gehirnchemie, einer traumatischen Vergangenheit oder den Mondphasen gesteuert wurde. Jetzt zählte nur, dass ihr die Sache zu viel Schmerz bereitete, um die Ehe weiterführen zu können. Nachdem sie diese Klarheit gewonnen hatte, legte sie in mehreren Gesprächen in der »Ich«-Sprache und ohne Kritik oder Vorwürfe ihre Toleranzgrenze fest. Sie schrieb Bill auch einen Brief folgenden Inhalts:

Lieber Bill,
ich schreibe Dir diese Zeilen, weil ich mir nicht sicher bin, dass das, was ich sage, bei Dir auch ankommt. Ich habe eine Scheidung so oft erwähnt, dass dies vielleicht nur wie eine von vielen Drohungen klingt, doch diesmal ist es anders. Du musst Dich entscheiden, ob Du monogam und treu sein kannst. Ich weiß, dass ich unsere Ehe nicht mehr fortführen kann, wenn Du es nicht bist. Auf einer Skala von 1 bis 10 liegt meine Trennungsbereitschaft bei 9. Wenn sich nichts ändert und ich herausfinde, dass Du eine weitere Affäre hast, werde ich einen Anwalt anrufen, um die Scheidung einzureichen.
Liebe Grüße,
Ruth

Bill hatte weitere Affären, und Ruth führte ihren Plan aus. Sie konnte ihre Ehe nicht retten, aber sie konnte ihre Würde retten. Sie wusste, dass sie Bill jede nur erdenkliche Chance gegeben hatte, sie zu hören. Eine Scheidung durchzustehen, war zwar äußerst schmerzlich, doch langfristig gesehen wäre es noch viel schmerzlicher gewesen, in einer Ehe auszuharren, die ihre Selbstachtung untergrub.

Bei den meisten Problemen, mit denen wir in einer Paarbeziehung konfrontiert werden, geht es nicht um Untreue, doch die Herausforderung, eine klare Position zu beziehen, ist dieselbe. Wenn Sie sich mit einer Vielzahl von Gesprächen kein Gehör bei Ihrem Partner verschaffen können, schreiben Sie ihm einen Brief. Beschränken Sie sich dabei auf zwei Absätze. Wenn Sie gehört werden möchten, fassen Sie sich kurz.

Regel Nr. 87

Sie können ohne Ihren Partner leben

Um eine klare Basis für das eigene Handeln zu bestimmen – selbst wenn es um kleine Dinge geht –, müssen Sie wissen, dass Sie, wenn nötig, ohne Ihren Partner leben können. Die stärksten Beziehungen haben diejenigen, die ohne einander leben können, dies aber nicht wollen.

Ich will damit keinesfalls sagen, dass es höchstwahrscheinlich zu einer Trennung führen wird, wenn Sie sich in wichtigen Fragen behaupten. Im Gegenteil: Beziehungen sind am ehesten zum Scheitern verurteilt, wenn wir Probleme *nicht* ansprechen und unseren Partner für unfaires oder unverantwortliches Verhalten *nicht* zur Rechenschaft ziehen. Und die Fähigkeit, unsere Wertvorstellungen, Überzeugungen und Lebensziele zu klären – und uns dann in Übereinstimmung mit ihnen zu verhalten –, bildet das Herzstück einer soliden Partnerschaft.

Abgesehen davon ist es schwierig, in einer für unser Überleben notwendigen Beziehung deutlich Position zu beziehen. Denken Sie nur an Ihren Arbeitsplatz. Wenn Sie unzufrieden mit unfairen Bedingungen sind, können Sie sich bei Ihrem Chef beschweren und um eine Änderung bitten. Sie können deutlich machen, dass Sie seine Forderungen unrealistisch oder unfair finden, und erklären, welche Änderungen Sie sich wünschen. Aber Sie können nur dann eine Grundsatzentscheidung treffen (»Ich bin einfach nicht in der Lage, die Extraarbeit zu übernehmen, die Sie mir übertragen haben«), wenn es Ihnen möglich ist, in wirtschaftlicher wie emotionaler Hinsicht ohne den Job zu überleben. In einer Paarbeziehung sieht das nicht anders aus.

Es macht Angst, es wirklich ernst zu meinen. Wenn wir eine eindeutige Haltung zu einem scheinbar kleinen Problem einnehmen, werden wir wahrscheinlich den inneren Druck verspüren, weitere Probleme in der Beziehung anzusprechen. Wird uns klarer, was für uns akzeptabel und annehmbar ist, wird auch unser Partner deutlicher erkennen, wo er steht und was er tun oder nicht tun möchte. Sobald wir den Schritt von unproduktivem Klagen zu nachdrücklichem Fordern unternehmen, werden wir sowohl uns selbst als auch den anderen in einem schärferen Licht sehen.

Die stärksten Beziehungen haben diejenigen, die ohne einander leben können, dies aber nicht wollen.

Wenn Ihnen Ihr Partner im Lauf der Zeit (wenn nicht mit Worten, dann durch sein Handeln) zu verstehen gibt, dass er sich lieber von Ihnen trennen würde, als sich einer Suchtbehandlung zu unterziehen, sich einen Job zu suchen oder den Abwasch zu machen, müssen Sie vielleicht einige schmerzliche Entscheidungen treffen. Wollen Sie Ihren Partner verlassen? Wollen Sie bleiben und versuchen, selbst etwas zu ändern? Wenn ja, was? Diese Fragen zu beantworten oder auch nur über sie nachzudenken, ist nicht leicht.

Voreilig über eine Trennung zu sprechen, ist nicht hilfreich; in Ihrem Herzen zu wissen, dass Sie es, wenn nötig, allein schaffen können, hingegen schon. Wenn Sie glauben, es nicht zu können, sollten Sie Ihre Energie darauf verwenden, Ihr eigenes Selbst und Ihr Familien- und Freundesnetzwerk zu stärken – ein guter Schritt, egal ob Sie mit Ihrem Partner zusammenbleiben oder nicht.

Keine Beziehung kann gedeihen, wenn sie auf Angst basiert. Die besten Beziehungen sind verbindliche, aber vollkommen freiwillige Partnerschaften.

Regel Nr. 88

Wenn Ihr Partner Sie verlässt, folgen Sie diesem Plan

Vielleicht sind Sie derjenige, der unter Schock steht, weil Ihr Partner eine Trennung zur Sprache gebracht oder sogar verkündet hat, dass sie für ihn beschlossene Sache ist. Es ist niederschmetternd, wenn ein Partner seinen Wunsch nach Trennung äußert oder seinen Plan bekannt gibt, eine Weile lang auszuziehen, um in Ruhe nachzudenken.

Werden Sie mit diesem schrecklichen Verlust konfrontiert, verspüren Sie vielleicht das dringende Bedürfnis, Ihren Partner zu bedrängen. Sie möchten ihm vielleicht ständig eine SMS schicken oder Nachrichten auf dem Anrufbeantworter hinterlassen, in denen Sie ihn anflehen, zu Ihnen zurückzukehren. Sie bitten vielleicht um weitere Gespräche, um die Entscheidung Ihres Partners besser verstehen zu können. Möglicherweise versprechen Sie ihm auch, Ihr Verhalten entsprechend seiner früheren Bitte zu ändern. Oder Sie fühlen sich dazu getrieben, immer wieder Ihre Bedürftigkeit und Verzweiflung zum Ausdruck zu bringen, die Sie mit Sicherheit empfinden werden. Ihre Botschaft lautet vielleicht: »Ich liebe dich. Ich kann nicht ohne dich leben, kümmere dich um mich, ich bin am Boden zerstört, bitte komm zurück.«

Natürlich muss Ihr Partner Ihren authentischen Schmerz und Ihre Verletzlichkeit hören, aber sobald Sie mit ihm darüber gesprochen haben, hilft es nicht, wenn Sie sich ständig wiederholen. Wenn Sie ihn weiterhin bedrängen, wird er wahrscheinlich noch allergischer auf Ihre Anwesenheit reagieren. Wollen Sie Ihren Partner zurückgewinnen oder zumindest sich selbst die bestmögliche Chance geben, Ihre Beziehung zu retten, müssen Sie einen anderen Kurs einschlagen, und zwar diesen:

Lesen Sie noch einmal die Regeln für Nähesuchende in Kapitel 4. Ich kann gar nicht genug betonen, wie viel Mut und Willenskraft es erfordert, wenn ein Nähesuchender damit aufhören möchte, seinen Partner zu bedrängen. Holen Sie sich von Ihrer Familie und Ihren Freunden jede Unterstützung, die Sie brauchen – und *nicht* von Ihrem Partner. Sie könnten in eine Therapie gehen, um einen zusätzlichen Ort zu haben, an dem Sie Ihren Schmerz äußern und Hilfe erfahren können. In einer Zeit wie dieser ist nichts wichtiger, als sich um sich selbst zu kümmern und seine überwältigenden Gefühle in den Griff zu bekommen.

Bringen Sie außerdem den Mut und die Willenskraft auf, den Wunsch Ihres Partners nach Freiraum zu respektieren. Flehen Sie ihn nicht an, selbst wenn es Ihnen eine schauspielerische Höchstleistung abverlangt, sich zusammenzureißen und wie ein reifer Mensch zu agieren, der sich voll und ganz dem Leben stellt. Wenn Sie zu emotional sind, um ihm dies persönlich mitzuteilen, sollten Sie es in einem kurzen handschriftlichen Brief tun.

Folgendes Beispiel stammt von einem meiner Therapieklienten:

Liebe Jill,
ich möchte mich dafür entschuldigen, dass ich Dich bedrängt und Dein Bedürfnis nach mehr Freiraum nicht akzeptiert habe. Ich habe das Gefühl, dass ich über den Berg bin. Ich habe eine Therapie begonnen

und bekomme die Hilfe, die ich brauche. Diese Krise hat mich dazu gezwungen, mich genauestens mit mir selbst und meinem Beitrag zu unseren Eheproblemen auseinanderzusetzen. Mir ist klargeworden, dass ich mich zurzeit auf meine eigenen Probleme konzentrieren muss. Ich unterstütze, was immer Du für Dich selbst tun musst, und ich möchte, dass Du weißt: Das wird schon wieder mit mir, und ich sorge gut für mich. Ich liebe Dich, und ich hoffe, dass unsere Ehe wieder funktionieren wird. Wenn Du bereit bist zu reden, lass es mich wissen.
Alles Liebe,
Tim

Bevor Tim diesen Brief verschickte (keine E-Mail!), hinterließ er mehrere Nachrichten pro Tag auf Jills Anrufbeantworter, schickte ihr lange E-Mails und bat Freunde, ein gutes Wort für ihn einzulegen. Er äußerte das dringende Bedürfnis, »alles dafür zu tun, Jill zurückzugewinnen«, und sagte mir, dass er sie zum Bleiben bewegen könne, wenn sie nur mit ihm reden würde. Doch es waren dieser Brief und Tims Engagement, an sich selbst zu arbeiten, womit er letztlich Jills Aufmerksamkeit gewann. Sie erinnerte sich an all die guten Dinge in ihrer Ehe und überdachte ihren Entschluss, sich scheiden zu lassen.

Einen solchen Brief zu schreiben, mag sich vollkommen falsch anfühlen, doch dies ist kreatives Vortäuschen in seiner besten Form. Einige Zeit später konnte Tim auch die tiefere Wahrheit nachempfinden, die dieser Brief enthielt. Er musste *wirklich* an sich arbeiten. Jill brauchte *wirklich* Freiraum. Es ging ihm irgendwann *tatsächlich* gut, auch wenn es sich damals ganz und gar nicht so angefühlt hatte.

Er erfordert ein hohes Maß an Disziplin, weniger zu sagen, obwohl Sie sich getrieben fühlen, mehr zu sagen, den Partner nicht zu bedrängen, wenn Sie das verzweifelte Bedürfnis danach haben, die Aufmerksamkeit auf die eigenen Probleme zu lenken und Ihrem Partner zu verstehen zu geben, dass Sie Ihr Leben in die Hand genommen haben. Um diese Regel befolgen zu können, müssen Sie mit aller Kraft gegen die emotionale Flut anschwimmen, weil nichts uns verletzlicher macht als der drohende Verlust einer Beziehung. Das Befolgen dieser Regel wird Ihnen Halt geben, egal ob Sie Ihre Beziehung retten können oder nicht.

9

Helfen Sie Ihrer Beziehung, Stiefkinder zu überstehen

Haben Sie manchmal das Gefühl, einen Tapferkeitsorden dafür zu verdienen, dass Sie an Ihrer Beziehung festhalten, obwohl Sie Stiefkinder großziehen? Okay, das ist vielleicht ein bisschen übertrieben, doch dafür zu sorgen, dass eine Beziehung funktioniert, wenn Stiefkinder mit im Haus leben, erfordert Mut, innere Stärke und Taktgefühl in Stresssituationen. Tatsächlich ist dies schwieriger, als Sie sich in dem Moment vorstellen können, in dem Sie beschließen, als Paar zu leben, auch wenn einer oder beide von Ihnen bereits eigene Kinder haben. Und lassen Sie uns eine Kerze für alle Stiefmütter anzünden, denn die Problematik ihrer Position kann gar nicht überbewertet werden.

Eine kurze Warnung im Zusammenhang mit diesem Kapitel: Beim Lesen werden Sie vielleicht das Gefühl bekommen, dass man Ihnen gerade einen Teller mit verkochter Leber, garniert mit trockenem Rosenkohl serviert hat. Doch mein Grund dafür, Ihnen die Schwierigkeiten ohne Umschweife darzulegen, ist ein ehrenwerter: Partnerschaften mit Stiefkindern haben die besten Chancen, erfolgreich zu sein, wenn man den vielen Mythen und Halbwahrheiten, die sich um sie ranken, energisch entgegentritt. Was ich im Folgenden tun werde.

Wenn Kinder aus einer früheren Verbindung mit in die Beziehung eingebracht werden, stellt dies alle Beteiligten auf eine harte Probe. Das Potenzial für Konkurrenz, Eifersucht, Loyalitätskonflikte und Feindschaften innerhalb und zwischen den Haushalten ist riesengroß. Da überrascht es nicht, dass die Paarbeziehung sehr schnell großen Belastungen ausgesetzt ist, selbst wenn beide Partner ihr Bestes geben. Dieser Stress wird zudem noch dadurch verstärkt, dass ein Großteil der Ratschläge für betroffene Paare auf der Annahme gründet, dass eine Stieffamilie wie die ursprüngliche Kleinfamilie funktionieren kann. Das kann sie nicht – oder zumindest nicht so gut. Eins sollten Sie wissen: Wenn Sie versuchen, eine Stieffamilie nach dem Muster Ihrer ursprünglichen Kleinfamilie zu bilden, wird Ihre Beziehung unglaublichen Spannungen ausgesetzt sein. Paare in Stieffamilien sollten andere Regeln und Leitlinien beherzigen, um bestehen zu können. Darüber hinaus müssen die Rollen neu festgelegt werden.

Doch die Tatsache, dass das Leben in einer Stieffamilie mit vielen Schwierigkeiten verbunden ist, bedeutet nicht, dass es sich hier im Vergleich zur ursprünglichen Kleinfamilie nur um die zweitbeste Familienform handelt und dass Kinder in ihr nicht gedeihen können. Trotz der einzigartigen Herausforderungen für das Paar gibt es zahllose gut funktionierende, glückliche und erfolgreiche Beziehungen mit Stiefkindern. Gerüstet mit Wissen, Unterstützung und dem festen Willen, den Regeln in diesem Kapitel zu folgen, können Sie Ihre Beziehung zu einer von ihnen machen.

Die Kernaussage der meisten dieser Regeln lautet: Stiefmütter und Stiefväter sollten nur das tun, was realistisch ist, und nicht mehr, während Mütter und Väter sich der Herausforderung stellen und die Verantwortung für ihre eigenen Kinder übernehmen müssen. Es versteht sich von selbst, dass das Familienleben reibungsloser verlaufen wird, wenn der Schmerz und der Zorn über die Auflösung einer früheren Partnerschaft wirklich verarbeitet wurden und wenn Sie und Ihr Partner mit allen an der Kindererziehung Beteiligten höflich und respektvoll umgehen, selbst wenn diese anderen Erwachsenen sich schlecht verhalten. Doch wie bei den meisten lohnenswerten Dingen ist auch dies leichter gesagt als getan.

Ich möchte den Pionierinnen der Familientherapie Betty Carter und Monica McGoldrick dafür danken, dass sie mich auf die besonderen Probleme aufmerksam gemacht haben, mit denen Paare mit Stiefkindern konfrontiert werden. Die nachfolgenden Regeln spiegeln das wider, was ich von ihnen gelernt habe und an Sie weitergeben möchte.

Regel Nr. 89

Vergessen Sie den »Familien-Smoothie«

Einige meiner Kollegen bevorzugen den Begriff *»Mischfamilie«** (»einfach Kinder hinzugeben und umrühren«). Doch das Problem ist: Familien vermischen sich nicht. Offensichtlich ist das Leben einfacher, wenn die Stiefkinder zum Zeitpunkt der Wiederverheiratung bereits aus dem Haus oder noch so klein sind, dass viel Zeit bleibt, um mit ihnen eine neue gemeinsame Geschichte zu entwickeln. Doch das Leben von Stieffamilien ist selten einfach, wenn Kinder mit im Haus leben. Normalerweise dauert es drei bis fünf Jahre, bis alle Familienmitglieder eine gewisse Anpassung vollzogen haben. Statt harmonisch zu einer Familie zu verschmelzen, haben Sie und Ihr Partner vielleicht eher das Gefühl, dass man Sie in einen Mixer gesteckt hat.

Es wäre also besser, wenn Sie sich auf die Komplexität der Schwierigkeiten einstellen. Wenn zwei Menschen zum ersten Mal heiraten oder eine Paarbeziehung eingehen, bringen sie den üblichen emotionalen Ballast aus ihrer Herkunftsfamilie mit ein. Bilden Sie eine Stieffamilie, schleppt einer von Ihnen oder auch beide darüber hinaus auch noch den aus der ersten Partnerschaft stammenden und von deren schmerzlicher Auflösung durch Trennung oder Tod herrührenden emotionalen Ballast mit sich herum. Sind Sie Stiefmutter geworden, erwartet die ganze Welt von Ihnen, dass sie neben möglichen eigenen Kindern auch noch seine Kinder versorgen, weil es eben

* behördlicher Ausdruck für Patchworkfamilie

das ist, »was Frauen tun«. Als leiblicher Vater sind Sie wahrscheinlich zutiefst verwirrt über die negative Stimmung zwischen Ihrer neuen Partnerin und Ihrem Kind – oder Ihrer Partnerin und Ihrer Expartnerin – und haben keine Ahnung, wie Sie die Situation verbessern könnten. Sind Sie der Stiefvater, versuchen Sie vielleicht, den Kindern Ihrer Frau mit »väterlicher« Autorität zu begegnen, nur um festzustellen, dass Ihre wohlgemeinten Bemühungen zurückgewiesen werden.

Sollten Sie den Traum hegen, dass alle Kinder und Erwachsenen sich in Ihrer neuen Stieffamilie schnell »zu Hause« fühlen, dann geben Sie ihn auf! Statt irgendjemandem die Schuld zuzuschieben, sollten Sie verstehen, dass Sie Teil eines sehr komplexen Systems sind und dass selbst ein geübter Zen-Buddhist an den meisten Tagen Schwierigkeiten haben würde, einen klaren, kühlen Kopf zu bewahren. Gehen Sie die Dinge langsam an, seien Sie geduldig, rechnen Sie mit heftigen Emotionen, und träumen Sie nicht mehr davon, alle zu einem »Familien-Smoothie« vermixen zu können.

Regel Nr. 90

Drängen Sie nicht auf Nähe

Eine neue Familie aufzubauen braucht Zeit. In den Anfangsphasen des Lebens als Stieffamilie müssen Stiefmütter und Stiefväter erkennen, wie wichtig es ist, sich im Hintergrund zu halten. Wenn Ihre Frau zum Beispiel vor ihrer Ehe Freude an einem besonderen Geburtstagsritual mit ihrem Sohn hatte, könnten Sie sie darin bestärken, dieses Ritual beizubehalten wie bisher – das heißt nur die beiden –, statt darauf zu bestehen, dabei zu sein. Im Lauf der Zeit kann Ihre Familie neue, eigene Rituale entwickeln.

Haben Sie einen Teenager im Haus, ist es unerlässlich, sich im Hintergrund zu halten. Forderungen, eine enge Bindung zu ihrer neuen Familie zu entwickeln, verwirren Teenager besonders stark, weil sie gerade versuchen, sich von der Familie, die sie bereits haben, zu lösen. Sollten Sie also ein köstliches Abendessen für die gesamte Familie gekocht haben und die beiden Teenager Ihres Partners sich dafür entscheiden, bei Freunden zu essen, dann nehmen Sie es ihnen nicht übel. Und werfen Sie Ihrem Partner nicht vor, dass er seinen Sprösslingen nicht die Leviten liest. Solange es kein spezielles Familienessen ist, an dem die Teilnahme aller erwartet wird, sollten Sie es als normales Verhalten von Jugendlichen verbuchen. Stellen Sie die Reste einfach in den Kühlschrank, damit die Kinder noch eine Kleinigkeit essen können, wenn sie nach Hause kommen, und nehmen Sie es nicht persönlich, dass sie sich in letzter Minute gegen die gemeinsame Mahlzeit entschieden haben.

Wenn Ihr Partner eine Tochter im Teenageralter hat, könnte diese die größte Herausforderung für Sie als Stiefmutter sein. Vor allem älteste Töchter neigen dazu, ihrer Mutter gegenüber loyal zu sein und sie zu schützen; vielleicht haben sie sich auch besonders um den geschiedenen Vater gekümmert. Sollte seine Tochter im Teenageralter also zu Ihrer neuen Familie gehören, schrauben Sie am besten Ihre Erwartungen nach Nähe zu ihr auf null herunter.

Sich im Hintergrund zu halten, ist unerlässlich.

Regel Nr. 91

Stiefmütter: Versuchen Sie nicht, die Mutter zu spielen!

Der Begriff *Stiefmutter* ist negativ behaftet. Das Wort *Stief-* heißt in seiner ursprünglichen Bedeutung unter anderem *beraubt*, *verwaist*, sodass die Bezeichnung *Stiefmutter*, wie unsere althergebrachten Märchen zeigen, etwas Unangenehmes impliziert. Das eigentliche Problem bildet jedoch der zweite Teil des Wortes: »Mutter«. Frauen gehen eine Beziehung ein, weil sie sich in einen Mann verliebt haben, und nicht weil sie irgendjemandes Mutter sein möchten. Wichtiger noch: Niemand kann einer Familie beitreten, die eine eigene Geschichte hat, und sofort zur Mutter werden. Die Mutterrolle – egal welcher Art – kann einer Frau nicht automatisch übertragen werden, wenn sie einen Mann mit Kindern zum Partner hat.

Es wird Ihrer Beziehung helfen, wenn Sie die Absurdität einer solchen Erwartung und die Probleme, die diese hervorruft, erkennen. Je angestrengter die neue Partnerin versucht, eine Art Mutter zu sein, desto mehr Widerstand wird sie von den Stiefkindern und deren tatsächlicher Mutter erfahren. Die natürliche Neigung des Mannes, sich herauszuhalten, wird dadurch nur noch verstärkt, vor allem wenn er mehr arbeitet, um zwei Familien ernähren zu können. Damit ist bereits der Nährboden für gegenseitige Schuldzuweisungen von Mutter und Stiefmutter bereitet.

Das Kind ist derweil hin- und hergerissen zwischen zwei Frauen, die ihre Feindseligkeit in die Erziehung hineintragen, und die Stiefmutter wird für das verzweifelte Kind zur Zielscheibe, an der es seinen Frust ablassen kann. Der Vater wiederum hat vielleicht das Gefühl, ins Kreuzfeuer geraten zu sein, und weiß nicht, wie er die Situation entschärfen soll. Die Beziehung leidet, was niemand vorhergesehen hat, weil alle gut miteinander auskamen, bevor eine Freundin zur neuen Lebensgefährtin und damit auch zur Stiefmutter wurde.

Vergessen Sie nicht, dass Kinder selten den Wunsch nach einem neuen Elternteil äußern. Sie sind nicht auf der Suche nach einer neuen Mutter oder einem neuen Vater. Danach gefragt, welche Art von Beziehung sie gern zu der neuen Gefährtin ihres Vaters oder dem neuen Mann ihrer Mutter hätten, äußern Kinder den Wunsch nach einer freundschaftlichen Beziehung – sagen wir wie zu einer Tante oder einem Onkel, einem Basketballtrainer oder einem guten Kumpel. Niemand kann je einen Elternteil ersetzen, nicht einmal einen, der tot ist, oder einen, der wegen schweren Diebstahls im Gefängnis sitzt.

Regel Nr. 92

Stellen Sie die traditionellen Geschlechterrollen infrage

Eins können Sie mir glauben: Den Kern der meisten Probleme von Stieffamilien bilden die mit den traditionellen Geschlechterrollen verbundenen Erwartungen. Selbst bei modernen, gleichberechtigten Paaren können diese Erwartungen noch irgendwo im Hinterkopf lauern, um dann, fünf Minuten nachdem sich das wiederverheiratete Paar unter einem Dach niederlässt, aus der Versenkung aufzutauchen. Wollen Sie Ihre Partnerschaft verbessern, müssen Sie diese Geschlechterrollen infrage stellen.

Wenn ein typisches heterosexuelles Paar sich zur Wiederheirat entschließt, gehen den Partnern, wie die Familientherapeutin Betty Carter es schildert, oft folgende Gedanken durch den Kopf.

Er sagt sich: »Super! Ich werde wieder heiraten! Meine Kinder werden jetzt eine Mutter haben, und wir werden wieder eine richtige Familie sein!« (Übersetzung: »Ich werde arbeiten gehen, sie wird meine Kinder großziehen, und wir werden wieder eine traditionelle Kleinfamilie sein.«) Oder schlimmer noch: »Super! Meine Kinder werden jetzt eine gute Mutter haben, die sie viel besser großziehen wird als diese egoistische, nachlässige Hexe, von der ich geschieden bin.«

Sie sagt sich: »Wunderbar, ich werde wieder heiraten! Jetzt habe ich jemanden, der mich und die Kinder ernährt, denn wir kommen kaum aus mit dem Unterhalt, den ihr Vater für sie bezahlt. Ich werde seine Mädchen großziehen, denn er ist zu eingespannt in seinem Beruf, während ich mir meine Zeit flexibel einteilen kann. Außerdem hat er offensichtlich keine Ahnung von Erziehung. Und die armen Kleinen hatten nie eine Mutter, bei der sie an erster Stelle gestanden haben; wenn ich also mein Bestes versuche, kann ich ihnen geben, was sie wirklich brauchen.«

Diese überholten geschlechtstypischen Erwartungen können ein Desaster für Ihre Beziehung sein. Wie können Sie dagegen angehen? Erstens kann der Vater seine eigenen Kinder erziehen und die täglichen praktischen Aufgaben, die damit zusammenhängen, selbst übernehmen, auch wenn es einfacher erscheint, dies seiner Frau zu überlassen. Männer sollten wissen, dass sie ihrer Frau die Rolle der »bösen Stiefmutter« zuschustern, wenn sie ihr die Verantwortung für die Kindererziehung übertragen, und dass sie damit die Kinder zur Rebellion anstacheln. Zweitens kann die Mutter zum Familieneinkommen beitragen, selbst wenn sie weitaus weniger verdient als er. Dies mag auch für Familien in erster Ehe ein guter Rat sein, doch von Stieffamilien und letztlich der neuen Partnerschaft fordern die alten Rollen den höchsten Preis.

Selbst erfahrene Therapeuten können in die traditionelle Denkweise verfallen, dass man von einem Mann nicht erwarten kann, die Haupterziehungsarbeit zu übernehmen, wenn seine Frau zu Hause bleibt. Ich erinnere mich an ein Paar, dessen Familienprobleme zum Teil daher rührten, dass der Mann aus beruflichen Gründen während der Woche nicht in der Stadt war. Seine Frau, mit der er etwa ein Jahr verheiratet war, kümmerte sich unterdessen um seine drei Jungen (ihre Stiefsöhne), die jeden Abend zur Schlafenszeit verrücktspielten.

Als der Ehemann beharrlich behauptete, er könne sich ja wohl schlecht abends zur Schlafenszeit um die Kinder kümmern, wo er doch so oft unterwegs sei, erwischte ich mich dabei, reflexartig zustimmend zu nicken. Doch plötzlich fiel mir ein, wie die Familientherapeutin Betty Carter vor fast zehn Jahren in einer ähnlichen Situation einem Vater gegenüber reagiert hatte. In ihrer entwaffnenden Art hatte sie ihn gefragt: »Haben Sie schon mal vom Telefon gehört?«

Wachgerüttelt durch diese Erinnerung, schlug ich dem Vater vor, seine Söhne jeden Abend von unterwegs aus anzurufen. Dabei sollte er herausfinden, wie es ihnen in der Schule ergangen war, ihnen seine Erwartungen hinsichtlich der Schlafenszeit mitteilen und darauf insistieren, dass sie ihre Stiefmutter mit Respekt und guten Manieren behandelten. Alle Familienbeziehungen und vor allem die Ehe der beiden verbesserten sich enorm, als er sich der Lage gewachsen zeigte.

Regel Nr. 93

Stiefväter: Halten Sie sich im Hintergrund!

Machen wir uns nichts vor: Stiefvater zu sein ist kein Spaziergang. Wenn Sie eine positive Kraft in Ihrer Paarbeziehung sein wollen, sollten Sie freundlich und verantwortungsvoll mit Ihren Stiefkindern umgehen und Interesse an ihren Aktivitäten und Projekten zeigen. Haben die Kinder Lust, Zeit mit Ihnen allein zu verbringen, erfüllen Sie ihnen den Wunsch. Aber machen Sie sich klar, dass Sie gegenüber den Kindern Ihrer Partnerin nicht in eine Autoritätsrolle schlüpfen können, egal wie liebevoll Sie mit ihnen umgehen und egal wie herausragend Ihre Führungsqualitäten sein mögen. Elterliche Autorität ist etwas, was man sich langsam im Lauf der Zeit verdienen muss. Seien Sie Ihrer Partnerin eine Stütze, und helfen Sie ihr bei Erziehungsproblemen hinter den Kulissen – falls sie dies wünscht. Es ist der Schlüssel dazu, *diese* Partnerschaft zu einer dauerhaften zu machen.

Glauben Sie an die Fähigkeit Ihrer Partnerin, ihre Kinder auf eine Weise großzuziehen, die für sie stimmig ist. Natürlich hat sie möglicherweise Probleme damit, ihren Weg zu finden, den kleinen Johnny an Disziplin zu gewöhnen, aber beißen Sie sich auf die Zunge, und halten Sie sich am Rand des Geschehens. Wenn Ihre Frau Johnny zum Beispiel bittet, den Tisch zu decken, der aber vor dem Fernseher sitzen bleibt, ist es nicht hilfreich, einzugreifen und zu sagen: »Johnny, hast du gehört, was deine Mutter gesagt hat? Du sollst kommen und den Tisch decken!« Haben Sie einen positiven Vorschlag, sollten Sie ihn Ihrer Partnerin später auf respektvolle Weise mitteilen. Halten Sie sich auch mit Kritik zurück. Vermeiden Sie es, zu Ihrer Partnerin etwas zu sagen wie: »Ich finde es unerträglich, mit ansehen zu müssen, wie deine Tochter dich behandelt!«, oder zu Ihrer Stieftochter: »Ich finde deine große Klappe gegenüber deiner Mutter unerträglich.« Solche Kommentare können das Selbstvertrauen und die Kompetenz Ihrer Partnerin als Mutter untergraben und werden letztlich Ihre Beziehung belasten.

Ein Ratschlag für Mütter: Vertrauen Sie auf Ihre Fähigkeit, die eigenen Kinder erziehen zu können, selbst wenn Sie einen wunderbaren Mann geheiratet haben, der sich schon immer gewünscht hat, Vater zu sein, und Sie davon überzeugt sind, dass Ihre Kinder davon profitieren würden, wenn er einen Teil der Disziplinierungsarbeit übernähme, weil er das besser kann als Sie. Geben Sie Ihre Autorität nicht auf, selbst wenn Sie seit Ihrer Wiederheirat nur »Schlechte-Mutter«-Tage hatten. Wenn Sie sich mitten in einem Schreiduell mit Ihrem zwölfjährigen Sohn befinden, mag es verlockend sein, die Hände zu ringen und Ihrem Partner zu sagen: »Ich halte das nicht mehr aus. Übernimm du die Sache!« Widerstehen Sie diesem Impuls, und bewältigen Sie die Situation allein, auch wenn Sie – wie das bei Eltern oft der Fall ist – nicht mehr weiterwissen.

Eine elternähnliche Beziehung wird wahrscheinlich am ehesten entstehen, wenn Sie diese als »Zugabe« betrachten und nicht als etwas, was Sie erwarten und verdienen.

Bitten Sie Ihren Partner, das Zimmer zu verlassen, wenn er es nicht ertragen kann, Zeuge der Auseinandersetzung zwischen Ihnen und Ihrem Kind zu sein. Machen Sie ihm klar, dass Sie seine Meinung schätzen, solange er sie außer Hörweite der Kinder und voller Respekt äußert. Kurz gesagt: Sie sollten offen gegenüber den Gefühlen und guten Ideen Ihres Partners sein, gleichzeitig aber an Ihrer höchsten Autorität als Elternteil festhalten. Unterstützen Sie seine wichtige Rolle als Coach hinter den Kulissen. Dies wird Ihren Kindern helfen und kann buchstäblich Ihre Beziehung retten.

Ein Nachsatz für Stiefväter und Stiefmütter – wenn Sie möchten, dass Ihre Paarbeziehung funktioniert, sollten Sie Folgendes im Gedächtnis behalten: Wenn Sie Glück haben und die Sache langsam angehen, kann zwischen Ihnen und Ihren Stiefkindern im Lauf der Zeit vielleicht eine emotional enge Beziehung entstehen. Ist Ihr Stiefkind zum Zeitpunkt der Wiederheirat noch klein, kann sich aufgrund einer positiven gemeinsamen Geschichte durchaus eine elternähnliche Beziehung entwickeln. Aber Sie können dies nicht erzwingen. Paradoxerweise wird eine elternähnliche Beziehung wahrscheinlich am ehesten entstehen, wenn Sie diese als »Zugabe« betrachten und nicht als etwas, was Sie erwarten und verdienen.

Erwarten sollte man jedoch, dass Stiefeltern und Stiefkinder einander höflich und respektvoll behandeln. *Es ist vor allem die Aufgabe des leiblichen Elternteils, nicht des Stiefelternteils, dafür zu sorgen, dass diese bestimmte Erwartung erfüllt wird.* Wenn der leibliche Elternteil sich dieser Herausforderung stellt, wird der Partnerschaft eine große Belastung genommen.

Regel Nr. 94

Fragen Sie nicht: »Wen liebst du mehr?«

Garantiert werden Sie und Ihr Partner angesichts der Bedürfnisse der Kinder und der Probleme der Familienmitglieder untereinander nicht genügend Zeit füreinander haben. Als Stiefelternteil ärgert und frustriert es Sie sicher, dass Sie so wenig Zeit mit Ihrem Partner haben, in der sich nicht alles um ein Kind oder ein Familienproblem dreht. Irgendwann werden Sie versucht sein, ihn zu fragen: »Wen liebst du mehr, mich oder deinen Sohn?«

In Stieffamilien besteht die Eltern-Kind-Bindung schon wesentlich länger als die neue Paarbindung. Die Kinder stehen an erster Stelle, und es ist normal, eifersüchtig zu sein. Doch die Frage »Wen liebst du mehr?« ist unfair. Die Liebe und das Verantwortungsgefühl gegenüber einem Kind lassen sich einfach nicht mit den Gefühlen für den Partner vergleichen. Das wissen Sie wahrscheinlich, doch der chronische Stress des Familienlebens verleitet uns nicht gerade zu den erwachsensten Reaktionen.

Bitten Sie Ihren Partner, Zeit mit Ihnen allein zu verbringen, so wie Sie es auch in einer ursprünglichen Kleinfamilie tun müssen.

Der Beziehungsexperte Bill Doherty schlägt eine Reihe von Ritualen zur Aufrechterhaltung einer soliden Partnerschaft vor. Eines davon ist, fünfzehn Minuten pro Tag als Paar zu verbringen – keine Kinder, keine Gespräche über Haushaltspflichten, keine Nörgeleien. Dies ist eine gute Regel für jede Familienform, weil Paare heutzutage chronisch müde und überfordert sind. Wichtig ist, dass Sie um Zeit bitten, ohne einen Vergleich mit der Zeit und Aufmerksamkeit anzustellen, die Ihr Partner seinem Kind widmet.

Regel Nr. 95

Ändern Sie Ihre Tanzschritte im Stieffamilien-Reigen

Betrachten Sie die folgende verkürzte Stieffamiliengeschichte als typisches Beispiel dafür, wie Stieffamilien in Schwierigkeiten – und wieder aus ihnen heraus – geraten, unabhängig davon, ob das Elternpaar heterosexuell oder homosexuell ist.

Als Amy und Victoria sich kennenlernten, lief zunächst alles wunderbar. Sie hatten getrennte Wohnungen, und Victoria verstand sich gut mit Amys zehnjährigem Sohn Jake, der sie sehr gern hatte.

Amy (die jüngste in ihrer Herkunftsfamilie) war eine unkonventionelle Mutter, die spontan handelte und selten etwas im Voraus plante. So konnte es passieren, dass sie zur Essenszeit mit Jake unterwegs nach Hause war und ihr plötzlich einfiel, dass sie nichts zu essen im Haus hatten. Dann holten sie sich Pizza oder Hamburger und Cola beim Drive-in, aßen vor dem Fernseher und lieferten sich einen Wettstreit, wer von ihnen lauter rülpsen konnte. Wie viele Letztgeborene verhielt Amy sich manchmal eher wie eine Gleichaltrige und nicht wie eine Mutter. Doch sie und Jake beteten einander an, und obwohl Amy manchmal ihre Qualitäten als Erziehungsberechtigte anzweifelte, kamen sie und Jake einfach gut miteinander zurecht.

Bei Victoria, der Erstgeborenen in ihrer Herkunftsfamilie, lief immer alles sehr geregelt ab. Sie war fünf Jahre älter als Amy und hatte selbst eine Tochter aus einer früheren Ehe großgezogen. Erst nachdem Amy und Victoria sich in einer offiziellen Zeremonie zueinander bekannt hatten und Victoria dann bei Amy einzog, wurde ihr klar, dass sie Amys »Lockerheit« in Erziehungsfragen und der Organisation des Haushalts nicht ertragen konnte.

Victoria traf bei Amy nur auf Scheinwiderstand, als sie begann, dem Haushalt ihre eigenen Regeln aufzuzwingen. Fast Food war tabu, ebenso das Essen vor dem Fernseher. Jake musste jeden Morgen sein Bett machen und durfte maximal sieben Stunden pro Woche fernsehen.

Je mehr Victoria ins emotionale Zentrum der Familie rückte, desto stärker lehnte Jake sie ab. Wer war diese neue Erwachsene, die seine Beziehung zu seiner Mutter – die er im Übrigen nicht mehr für sich allein hatte – so dramatisch veränderte? Das Schlimmste war, dass diese neue Person sich so verhielt, als sei sie eine bessere Mutter als seine wirkliche Mutter, und seine wirkliche Mutter sich kaum noch wie eine Mutter verhielt, wodurch Jake sich von ihr verlassen fühlte.

Als Amy und Victoria zu mir in die Therapie kamen, war ihre Beziehung ein einziges Chaos. Jakes Schulnoten hatten sich in den meisten Fächern von einem »sehr gut« auf ein »ausreichend« verschlechtert. Bei den wütenden Auseinandersetzungen zwischen Jake und Victoria stand Amy zwischen den Fronten, und sie war deprimiert und hatte Angst, von Victoria verlassen zu werden. Victoria war inzwischen fast so weit aufzugeben. Sie war voller Hoffnung und positiver Erwartungen bei Amy eingezogen und fühlte sich nun überfordert und missverstanden und hatte von Jake die Nase gründlich voll.

Was tun? In dem Wissen, dass ihre Beziehung, ganz zu schweigen ihre psychische Gesundheit, auf dem Spiel stand, nahmen die Frauen die Sache in die Hand. Amy übernahm wieder die Erziehung ihres Sohnes, lernte es aus Respekt vor Victoria aber, den Laden fester im Griff zu haben. Sie stellte neue Regeln für Jake auf und setzte sie durch (»Wenn du in deinem Zimmer Unordnung machst, ist das okay, aber nicht in den gemeinsamen Räumen«).

Victoria stand vor der unglaublich schwierigen Aufgabe, sich zurückzunehmen und Amy den Spielraum zu lassen, mehr Ordnung und Struktur in Jakes Leben zu bringen. Amy musste lernen, ihre Autorität als Jakes Mutter immer wieder zu behaupten, wenn Victoria sie kontrollierte, statt ihr ein hilfreiches Feedback zu geben. Sie schaffte es schließlich zu sagen: »Victoria, du hast wunderbare Ideen in puncto Kindererziehung, und ich möchte sie hören. Aber es ist nicht sehr hilfreich, wenn du Wertungen vornimmst oder mir sagst, was ich tun soll. Und manche Dinge sehen wir einfach unterschiedlich. Ich muss Jake auf eine Weise großziehen, die mir sinnvoll erscheint, selbst wenn ich Fehler mache.«

Als die drei eine Stieffamilie wurden, hatte Amy Jake gesagt: »Victoria wird niemals deinen Vater ersetzen.« Nicht gesagt hatte sie hingegen: »Victoria wird niemals mich ersetzen.« Kinder müssen *beide* Botschaften hören, um einen neuen Erwachsenen in der Familie akzeptieren zu können.

Regel Nr. 96

Unterstützen Sie die Beziehungen der Kinder in beiden Haushalten

Wenn Sie möchten, dass Ihre Paarbeziehung und Ihre Stieffamilie stärker werden, sollten Sie die Beziehungen der Kinder zu allen Mitgliedern des anderen Haushalts unterstützen. Auch wenn Sie gegenüber einem der Erwachsenen in dem System keine positiven Gefühle entwickeln können, sollten Sie ihm mit Freundlichkeit und Respekt begegnen. Betrachten Sie es als spirituelle Übung.

Das bedeutet, dass Sie nicht überreagieren dürfen, sondern sich in Ihrer Reaktion zurücknehmen, wenn Ihre fünfzehnjährige Stieftochter nach Hause kommt und berichtet, ihre Mutter habe gesagt, Sie seien ein Kontrollfreak. Verkneifen Sie sich jegliche Gegenkritik. Wenn Sie Öl ins Feuer gießen, werden sich die Spannungen zwischen den Familien verstärken, und letzten Endes wird Ihre Beziehung darunter leiden.

Sicherlich wäre es verlockend zu sagen: »Na ja, deine Mutter denkt, ich sei ein Kontrollfreak, weil sie selbst unberechenbar ist« oder »Deine Mutter mag mich einfach nicht und wird mich nie mögen«. Oder: »Ich glaube, deine Mutter fühlt sich bedroht und will dich gegen mich aufhetzen.« Vielleicht sagen Sie nichts, aber Ihre Stieftochter merkt, dass Sie vor Wut kochen. Oder Sie geben sich traurig und verletzt und ziehen sich schweigend zurück. Eventuell zeigen Sie Ihrem Mann, dass Sie stinksauer sind, und bestehen darauf, dass er noch am selben Abend seine Exfrau anruft und ihr sagt, sie solle damit aufhören, Ihre Beziehung zur Stieftochter mit ihren unsinnigen Lügen zu vergiften.

Versuchen Sie mit aller Kraft, nichts von all dem zu tun. Vergessen Sie die Sache einfach. Holen Sie ein paarmal tief Luft, und sagen Sie sich, dass es völlig normal ist, dass die Mutter Ihrer Stieftochter Angst hat und sich durch Ihre Stellung in der Familie bedroht fühlt. Sich in Ihrer Reaktion zurückzunehmen bedeutet, dass Sie den Köder nicht schlucken und das Problemdreieck nicht weiter verstärken.

Reagieren Sie gelassen. Das ist schwer, aber es lohnt sich.

Stattdessen könnten Sie lachen und sagen: »Na ja, vielleicht hab ich ja was von einem Kontrollfreak. Ich bin wahrscheinlich nicht so spontan und locker drauf wie deine Mutter.« Oder: »Tja, deine Mutter und ich sind zwei unterschiedliche Menschen, da ist es nur natürlich, dass wir völlig anders reagieren.« Oder wenn Ihre Stieftochter berichtet, ihre Mutter habe gesagt, Sie seien eine gefährliche Spinnerin: »Also, das finde ich nicht. Ich kann mich in dieser Beschreibung wirklich nicht wiedererkennen.«

Versuchen Sie, ungezwungen statt ärgerlich zu reagieren. Nichts ist wichtiger, als negativer Intensität mit geringerer Intensität zu begegnen. Lockerheit und Humor entkrampfen die Dreieckskonstellation, während eine heftige Reaktion sie nur noch verfestigt.

Vergessen Sie nicht, dass es für Kinder in erster Linie von Belang ist, wie ihre leiblichen Eltern sie behandeln und wie die Erwachsenen auf beiden Seiten miteinander umgehen. Sie wollen auf keinen Fall, dass Sie die Stieffamilie abschotten oder irgendetwas tun, was ihre Beziehung zu Tanten, Onkeln, Cousinen und Großeltern auf der »anderen Seite« gefährden könnte. Und vor allem wollen sie nicht, dass die an ihrer Erziehung beteiligten Erwachsenen einander schlechtmachen.

Versuchen Sie, die Beziehung Ihrer Stiefkinder zu *allen* Familienmitgliedern zu unterstützen. Dasselbe gilt für die Beziehung Ihres eigenen Kindes zu Ihrem Ex und seiner Familie. Dieses integre Verhalten wird im Lauf der Zeit Ihre Paarbeziehung stärken. Versuchen Sie, das schlechte Benehmen der Erwachsenen auf der »anderen Seite« einfach als Barometer zu sehen für deren Angst und unreife Art, damit umzugehen. Beschreiten Sie den rechten Weg. Das ist schwer, aber es lohnt sich.

10

Ihre Herkunftsfamilie: Der Königsweg zu einer guten Beziehung

Lange bevor wir in einer Beziehung Partner werden, sind wir Söhne und Töchter, Schwestern und Brüder. Unsere Herkunftsfamilie ist das einflussreichste System, dem wir im Leben angehören, und liefert uns unseren ersten Entwurf von einer Beziehung. Sie ist auch die Forschungsstätte, an der wir lernen, unsere Meinung zu äußern (oder nicht), zu verhandeln und Kompromisse einzugehen (oder nicht), Konflikte und Meinungsverschiedenheiten zu bewältigen (oder nicht) und ehrlich und respektvoll miteinander umzugehen (oder nicht).

Als Kinder waren wir weitgehend machtlos, die familiäre Parteilinie oder die Rollen, die wir und andere in diesem System innehatten, infrage zu stellen. Aufgrund ihrer völligen wirtschaftlichen und emotionalen Abhängigkeit lernen Kinder, Teile von sich zum Schweigen zu bringen, um dazuzugehören. Doch jetzt, als Erwachsene, die versuchen, sich darüber klarzuwerden, wie sie ihre eigene Partnerschaft führen wollen, müssen wir uns entscheiden, wie wir unsere Beziehungen zu anderen gestalten, einschließlich der Menschen, die uns damals prägten. Die Art von Beziehung, die wir zu unserer Herkunftsfamilie herstellen, hat einen tiefgreifenden Einfluss auf unsere Paarbeziehung.

Im Gegensatz zur landläufigen Meinung erwirbt man sich Unabhängigkeit nicht dadurch, dass man das Elternhaus verlässt, einen einträglichen Job ergattert und sich mit seinem Partner eine Wohnung mietet, die weit weg von zu Hause liegt. Echte Unabhängigkeit erfordert vielmehr Folgendes: Sie können der Familie verbunden, gleichzeitig jedoch Sie selbst bleiben. Sie können sagen und denken, was Sie fühlen, ohne dabei den Versuch zu unternehmen, Ihr Gegenüber zu verändern oder von Ihren Ansichten zu überzeugen, und ohne eine Abwehrhaltung einzunehmen oder zum Angriff überzugehen. Sie können Fragen zur Familiengeschichte stellen und ein objektiveres, dreidimensionales Bild von den Familienmitgliedern erhalten. Sie können Ihre Rolle in dysfunktionalen Familienmustern beobachten und ändern. Das »Ich« und gleichzeitig das »Wir« aufrechtzuerhalten – und nicht eins von beiden zu verlieren, wenn es hart auf hart kommt –, ist die größte aller Herausforderungen. In Ihrer Herkunftsfamilie an diesem Ziel zu arbeiten, ist der Königsweg zu einer besseren Beziehung.

Sie hören es vielleicht nicht gern, dass Ihre Herkunftsfamilie einen so großen Einfluss auf Ihre Paarbeziehung ausübt. Vielleicht haben Sie die Beziehung sogar als Möglichkeit betrachtet, sich vom Einfluss dieser dysfunktionalen Familie zu befreien. Tut mir leid, aber so funktioniert das nicht. Doch es gibt auch gute Nachrichten. Sie können Ihre Beziehung verbessern, ohne direkt an ihr zu arbeiten! Wenn Sie den Regeln in diesem Kapitel folgen, werden Sie eine solidere Basis mit Ihrem Partner haben und in der Lage sein, selbst die schwierigsten Probleme mit größerer Kreativität und geringerer Reaktivität zu lösen. Unterm Strich kostet es mehr Kraft, wenn Sie den Umgang mit Ihrer Herkunftsfamilie nicht auf eine gesunde Basis stellen. Das können Sie mir glauben – oder besser noch: Lassen Sie sich auf ein Abenteuer ein und betreiben Sie die Forschungsarbeit selbst!

Regel Nr. 97

Seien Sie ein gutes Mitglied Ihrer Herkunftsfamilie

Eine Paarbeziehung ist überfordert, wenn sie die einzige Familie ist, die wir haben. Dies ist einer von vielen Gründen, auf verantwortungsvolle Weise den Kontakt zu Ihrer Herkunftsfamilie zu halten. Streben Sie danach, ein gutes Mitglied Ihrer Familie – einschließlich der Großfamilie – zu sein, so wie Sie auch danach streben würden, ein angesehenes Mitglied einer Organisation zu sein, in der Sie geschätzt und gehört werden wollen. Sie werden Ihrem Partner und Ihren Kindern durch Ihr Beispiel auch helfen, selbst gute, generationenübergreifende Familienbeziehungen zu pflegen.

Eine gute Familienmitgliedschaft erfordert diese vier Dinge:

1. *Gehen Sie zu wichtigen Familienfeiern.* Versuchen Sie, bei wichtigen Ereignissen dabei zu sein. Hierzu gehören Taufen, Firmungen und Konfirmationen, Schulabschlüsse, Hochzeiten, Familientreffen, wichtige Geburtstage sowie Beerdigungen. Wenn Sie nicht hingehen können, wählen Sie eine andere angemessene Möglichkeit des Kontakts. Greifen Sie zum Telefon, schicken Sie Blumen oder Karten oder was immer am besten den Wertvorstellungen und dem Geschmack des betreffenden Menschen und Ereignisses entspricht. Nehmen Sie an Familienereignissen teil, auch wenn es sich wie eine lästige Pflicht anfühlt.

2. *Erlauben Sie es Ihrem Partner nicht, Ihre Beziehungen zu Ihrer eigenen Familie zu bestimmen.* Egal, wie schwer Ihr Partner es Ihnen macht, den Kontakt zu Ihrer Familie zu halten, die Verantwortung liegt ganz allein bei Ihnen. Wenn Sie allerdings Ihren Cousin im Souterrain einquartieren, ohne dies mit Ihrem Partner ausgehandelt zu haben, wird es natürlich sehr wohl zu seiner Sache. Das Gleiche gilt, wenn Ihre Mutter unhöflich zu Ihrem Partner ist und Sie keinen Weg finden, mit ihr darüber zu reden. Ihre Beziehung zu einem Familienmitglied sollte nie auf Kosten Ihres Partners gehen – und umgekehrt.
3. *Halten Sie Kontakt zu mehreren »normaleren« Verwandten Ihrer Großfamilie.* Wenn Sie Ihre Familie über mehrere Generationen hinweg betrachten, werden Sie Heilige und Sünder, gute und schlechte Menschen finden. Falls Sie glauben, dass Ihre eigene Kleinfamilie eine Brutstätte für pathologische Fälle ist, sollten Sie auf jeden Fall nach den »normaleren« Verwandten in Ihrer Großfamilie suchen und sie ein wenig kennenlernen. Auch diese Menschen gehören zu Ihrer Familie. Je mehr Kontakte Sie knüpfen, desto objektiver werden Sie Ihre Familie, sich selbst und letztlich Ihre Partnerschaft beurteilen können.
4. *Formulieren Sie Ihre eigenen Vorstellungen von einer »guten Familienmitgliedschaft«.* Nehmen Sie sich die Zeit, über Ihre eigenen Wertvorstellungen nachzudenken. Was heißt es Ihrer Meinung nach, ein guter Sohn, eine gute Tochter, ein guter Elternteil, eine gute Tante, ein guter Onkel oder Cousin zu sein? Handeln Sie auf der Grundlage Ihrer Werte und Überzeugungen und

lassen Sie sich nicht durch das unverantwortliche Handeln anderer Familienmitglieder zu einem ähnlichen Verhalten hinreißen.

> Egal wie schwer Ihr Partner es Ihnen macht, den Kontakt zu Ihrer Familie zu halten, die Verantwortung liegt ganz allein bei Ihnen.

Eine Anmerkung zu dieser und den folgenden Regeln: Es ist sinnvoll, selbst zu den schwierigsten Familien einen gewissen Kontakt zu halten. Sollten Sie diese Vorstellung jedoch ganz grauenhaft finden und mit Ihrer Angst nicht umgehen können, besteht die oberste Priorität darin, sich selbst zu schützen. Wenn Sie wissen, dass es das Beste für Sie ist, Distanz zu halten, dann tun Sie es.

Regel Nr. 98

Erkennen Sie Muster: Erstellen Sie einen Familienstammbaum!

Kennen Sie das alte Sprichwort »Was ich nicht weiß, macht mich nicht heiß«? Nun ja, die Familienforschung widerlegt dies. Je weniger Sie über Ihre Familiengeschichte wissen, desto eher werden Sie Familienmuster wiederholen oder gedankenlos gegen sie rebellieren. Und Sie können auch kein realistischeres Bild von Ihren Eltern gewinnen, ohne sie – und sich selbst – in Ihrer Familiengeschichte, so weit sich die Daten zurückverfolgen lassen, zu verorten.

Vielleicht sind Sie davon überzeugt, dass Sie Ihre Familie bereits kennen. Die meisten von uns haben Geschichten, die Sie gern über Ihre Familienmitglieder erzählen – und möglicherweise auch eine psychiatrische Diagnose, die Sie nebenbei noch einfließen lassen können (»Meine Mutter hat eine narzisstische Persönlichkeitsstörung«). Die Geschichten, die wir immer und immer wieder erzählen, entlocken anderen vielleicht Bewunderung (»Dein Bruder scheint ein unglaublicher Typ zu sein!«) oder Mitgefühl (»Unglaublich, dass dein Vater so streng und kritisch war!«). Wir bleiben in diesen Geschichten stecken und wollen nicht, dass sie durch Fakten widerlegt werden.

Sammeln Sie die Fakten, solange noch Familienmitglieder leben, die sie Ihnen liefern können. Sprechen Sie, wenn Sie können, mit Ihren Eltern und schließlich mit anderen Verwandten. Und ich meine »sprechen« auf diese altmodische Weise: von Angesicht zu Angesicht oder, wenn dies nicht möglich ist, per Telefon. Warten Sie nicht, bis alle tot sind, bevor Sie sich fragen, wie alt Ihre Mutter war, als ihre Mutter starb, oder woher Ihre Vorfahren stammen. Verlassen Sie sich nicht auf die vielen Seiten mit Namen und Daten, die Ihr Cousin bei seinen ausgedehnten genealogischen Forschungen gesammelt hat, denn nichts kann den Kontakt mit Familienmitgliedern und das Gespräch mit ihnen ersetzen. Erstellen Sie Ihren eigenen Familienstammbaum.

Wie alle lohnenswerten Dinge ist auch das Zusammentragen der Familiengeschichte ein langfristiges Projekt, dem man sich normalerweise nur dann und wann widmen kann. Wenn Sie über einen längeren Zeitraum am Ball bleiben, werden Sie feststellen, dass Sie mit Ihren Fragen neue Geschichten zutage fördern, die Sie dann wiederum zu weiteren Fragen führen. Sie werden auch die heißen Eisen in Ihrer Geschichte entdecken, wenn Sie darauf achten, worüber die Familienmitglieder nicht sprechen möchten und wonach Sie selbst nicht gern fragen. Möglicherweise tauchen diese Knackpunkte dann wieder in Ihrer Familie auf.

Ihren Familienstammbaum zu zeichnen, wird Ihnen einen vollständigeren Überblick über die Geschichte verschaffen, in der Ihre eigene Paarbeziehung ein Kapitel bildet. Und die Familiengeschichte Ihres Partners zu kennen, wird Sie für die besonderen Probleme und Verletzlichkeiten empfänglich machen, die er zusammen mit seiner Haarfarbe und Größe geerbt hat.

Regel Nr. 99

Stellen Sie sinnvolle Fragen

Als Isidor I. Rabi, Nobelpreisträger für Physik, einmal gefragt wurde, was ihn dazu motiviert habe, Wissenschaftler zu werden, rechnete er dies seiner Mutter als Verdienst an. Er erklärte, alle anderen Mütter hätten ihre Kinder nach der Schule gefragt, ob sie etwas gelernt hätten. Seine Mutter habe jedoch immer etwas anderes wissen wollen: »Izzy, hast du heute eine sinnvolle Frage gestellt?«

»Dieser Unterschied – sinnvolle Fragen zu stellen – hat mich zum Wissenschaftler gemacht«, sagte Rabi.

Werden Sie zum Wissenschaftler in Ihrer eigenen Familie. Lernen Sie, sinnvolle Fragen zu stellen und gut zuzuhören. Wenn Sie Fragen stellen, werden Sie Ihre Eltern als Menschen kennenlernen, die, lange bevor Sie auf der Bildfläche erschienen sind, ihre eigene persönliche Geschichte hatten. Je objektiver Sie Ihre Eltern betrachten können, desto objektiver sehen Sie auch sich selbst und Ihren Partner. Und wenn Sie Fragen zu heiklen Themen in Ihrer Familiengeschichte stellen können, werden Sie weniger unterschwellige Ängste und negative Emotionen mit in Ihre Beziehung bringen. Beachten Sie bei Ihrer Forschungsarbeit folgende Punkte.

Gehen Sie langsam vor, indem Sie zunächst ein paar Fragen zu grundlegenden Tatsachen stellen, bevor Sie heiße Eisen anpacken. Sie könnten Ihre Nachforschungen über Ihre Verwandten zum Beispiel so erklären: »Je älter ich werde, desto klarer wird mir, dass ich nicht sehr viel über meine Familie weiß. Ich habe angefangen, einen Familienstammbaum zu zeichnen und wollte wissen, ob du mir helfen kannst, ein paar Namen und Daten einzutragen.« Seien Sie neugierig und gleichzeitig respektvoll, wenn Sie Fragen zu Ihrer Familie stellen.

Wenn Sie anfangen, tiefer zu graben, sollten Ihre Fragen spezifischer werden. Eltern sind durch so allgemeine Fragen wie »Wie war das für dich, als dein Vater so früh gestorben ist?« oder »Wie war deine Beziehung zu deiner Mutter?« oft verunsichert. Versuchen Sie stattdessen, Ihre Fragen klar zu formulieren: »Hattest du nach dem Tod deines Vaters ein engeres oder ein distanzierteres Verhältnis zu deiner Mutter?« »Wer aus der Familie war bei der Beerdigung?« »Hat deine Mutter über ihre Gefühle und ihren Schmerz gesprochen, oder war sie eher ein stoischer Mensch?« Eltern und andere Familienmitglieder sind oft überraschend mitteilsam, wenn sie wissen, dass ihre Informationen für Sie hilfreich sind, und wenn sie darauf vertrauen, dass Sie ihnen keine Vorwürfe machen und sie nicht kritisieren oder diagnostizieren werden.

Wenn Sie Fragen zu heiklen Themen in Ihrer Familiengeschichte stellen können, werden Sie weniger unterschwellige Ängste mit in Ihre Beziehung bringen.

Überfordern Sie Ihre Gesprächspartner nicht: Sammeln Sie immer nur einige wenige Informationen. Achten Sie auf die Emotionen Ihres Gegenübers, und beenden Sie das Gespräch, bevor ein Elternteil oder ein anderer Verwandter müde wird oder sich überfordert fühlt. Wichtige Gespräche müssen nicht in eine Marathonsitzung ausarten. Kommen Sie auf bestimmte Themen zu einem anderen Zeitpunkt noch einmal zurück, und stellen Sie Ihre Fragen häppchenweise.

Regel Nr. 100

Lernen Sie, die Unterschiede anzusprechen

Eine der effektivsten Übungen, um das persönliche Wachstum zu fördern und Ihre Beziehung zu stärken, ist die, gegenüber Familienmitgliedern *die Unterschiede anzusprechen*. Tatsächlich werden Sie sich bei Ihrem Partner erst Gehör verschaffen können, *nachdem* Sie dazu in der Lage sind, zu Ihrer Mutter (und Ihrem Vater, Ihrer Schwester, Ihrem Onkel) zu sagen: »Weißt du, ich sehe das anders. Lass dir erklären, wie ich es sehe.«

Was bedeutet es, »die Unterschiede anzusprechen«? Hierbei geht es nicht darum, einem Familienmitglied Paroli zu bieten, was sich selten als wachstumsfördernder Schritt herausstellt. Wenn wir uns in eine Konfrontation stürzen, geht es uns darum, unser Gegenüber zu ändern oder von unseren Ansichten zu überzeugen, was nicht möglich ist. Insgeheim wünschen wir uns vielleicht, dass der andere sich so schlecht fühlt, wie wir uns wegen ihm gefühlt haben – was ebenfalls nicht passieren wird und auch nicht helfen würde.

Die Unterschiede anzusprechen heißt im Gegensatz dazu, dass wir dem anderen unsere Gedanken und Gefühle ruhig mitteilen und ihm das Gleiche gestatten, ohne zu gereizt zu werden und ohne mit unserem Gesprächspartner abrechnen zu wollen. Wenn wir dies üben, lassen wir den anderen keinesfalls vom Haken. Im Gegenteil: Wir bringen ihn gewissermaßen in Bedrängnis und verschaffen ihm ein gewisses Unbehagen.

Joanna, eine meiner Klientinnen, die mit Carolina verheiratet war, musste sich von ihrer Mutter immer wieder lesbenfeindliche Kommentare anhören, weil diese ihre Lebensgemeinschaft mit einer Frau als ein Problem betrachtete, das man ertragen musste.

Joanna blaffte ihre Mutter in solchen Situationen dann an, versuchte, ihre Auffassung zu korrigieren, oder kochte innerlich – Verhaltensweisen, von denen keine produktiv war. Der Durchbruch kam, als Joanna ruhig die Unterschiede ansprach und ihre Mutter bat, über die Sache nachzudenken. »Mutter«, sagte sie, »aufgrund unserer Gespräche habe ich den Eindruck, dass du glaubst, lesbisch zu sein wäre ein Problem, mit dem ich geboren wurde und das du akzeptieren solltest, weil du mich liebst. Ich sehe die Sache anders. Als ich anfing, mir über meine Gefühle für Frauen klarzuwerden, hatte ich Angst und habe mich gefragt, was mit mir nicht in Ordnung sei, aber das hat sich im Lauf der Zeit vollkommen geändert. Meine Beziehung zu Carolina ist das Beste, was mir je passiert ist, und selbst wenn es sie nicht gäbe, würde ich mich nicht verändern oder heterosexuell werden wollen. Wie ist es für dich, dass wir dies so unterschiedlich sehen?«

Joannas Mutter stellte sich der Situation und versuchte, die Beziehung ihrer Tochter zu würdigen, statt einfach nur hinzunehmen. Doch selbst wenn sie abweisend reagiert hätte: Joanna hatte ihre Stimme als Erwachsene gefunden. In diesem wie auch in anderen Gesprächen brachte sie ihren Stolz darüber zum Ausdruck, wer sie war, und über die neue Familie, die sie und Carolina gegründet hatten. Dabei verhielt sie sich weder abwehrend, noch ging sie zum Angriff über. Sie versuchte auch nicht, ihre Mutter zu ändern oder von ihren Ansichten zu überzeugen.

In jeder Familie gibt es heikle Themen, bei denen es schwerfällt zu sagen: »Weißt du, Mutter, ich sehe das anders.

Lass dir erklären, wie ich es sehe.« Wenn Sie gegenüber Ihrer Herkunftsfamilie einen klaren Kurs fahren, werden Sie Ihr Selbst stärken und besser in der Lage sein, auch gegenüber Ihrem Partner Ihre eigene Stimme zu finden.

Regel Nr. 101

Lassen Sie Familienbesuche nicht zur Zerreißprobe für Ihre Beziehung werden

Wenn wir uns fest binden, sehen wir uns vor der Aufgabe, uns als neue Familie auf gesunde Weise von den beiden Herkunftsfamilien abzugrenzen. Haben Familienbesuche Ihnen in der Vergangenheit Stress bereitet, sollten Sie sich Gedanken darüber machen, wie Sie sie in Zukunft handhaben wollen. Beachten Sie dabei folgende Schritte:

1. *Überlassen Sie es nicht Ihrem Partner, den Besuch zu planen oder Ihre Familie zu unterhalten.* Nehmen Sie sich, wenn Ihre Familie von außerhalb kommt, ein oder zwei Tage Urlaub. Ist dies nicht möglich, sollten Sie an einem der Tage ein paar Stunden früher von der Arbeit nach Hause kommen. Dies signalisiert Ihrer Familie, dass sie Ihnen wichtig ist. Geben Sie sich besondere Mühe, während des Besuchs anwesend zu sein.
2. *Verbringen Sie mit jedem Familienmitglied ein wenig Zeit allein.* Laden Sie jedes Familienmitglied dazu ein, etwas mit Ihnen allein zu unternehmen, selbst wenn es sich nur um einen zehnminütigen Spaziergang um den Block mit Ihrer Mutter handelt oder einen Kurzbesuch des örtlichen Cafés mit Ihrem Bruder, wo Sie über Sport oder das Wetter plaudern.
3. *Strukturieren Sie die Länge der Besuche.* Dies kann natürlich Kompromisse nötig machen. Es ist zum

Beispiel nicht vertretbar, Ihren Eltern, die extra wegen Ihnen aus Japan einfliegen, zu sagen, dass sie nur ein langes Wochenende bleiben können. Grundsätzlich sollten Sie jedoch über die Länge der Besuche bestimmen. Wenn es sich bei Ihrer Familie nicht um eine Ausnahme handelt, werden die Spannungen in der Regel nach vier oder fünf Tagen (wenn nicht schon nach vier oder fünf Minuten) zu intensiv. Geht es um Familienbesuche, ist länger nicht unbedingt besser.

4. *Verschaffen Sie sich Freiräume.* Nehmen Sie sich während eines Besuchs, wenn nötig, Auszeiten. Dies kann heißen, das Haus für einen flotten Spaziergang zu verlassen oder während eines zehntägigen Besuchs Ihrer Eltern einen dreitägigen Minitrip mit Ihrem Partner einzuschieben. Wenn Besuche bei Ihrer Familie für Sie und Ihren Partner extrem schwierig sind, gönnen Sie sich ein Hotelzimmer und einen Mietwagen. Das kann den Unterschied zwischen einem erträglichen Besuch und einem Desaster ausmachen. Das Geld ist also gut investiert. Ihre Eltern sind vielleicht gekränkt, dass Sie nicht im Gästezimmer wohnen, aber sie werden dies mit jedem weiteren Besuch besser verwinden, wenn Sie Ihre Kreativität nutzen, um mit einer taktvollen Erklärung aufzuwarten.

> Sich ein Hotelzimmer und einen Mietwagen zu leisten, kann den Unterschied zwischen einem erträglichen Besuch und einem Desaster ausmachen.

5. *Stellen Sie sich im Voraus auf die heiklen Themen ein.* Sie kennen Ihre Familie gut genug, um zu wissen, was Sie auf die Palme bringen wird. Es könnten die Be-

merkungen Ihrer Schwester über das »ungebärdige« Verhalten Ihres Sohnes sein, das unablässige Gerede Ihrer Mutter über den Mist, den Ihr Bruder baut, oder die Vorträge Ihres Vaters über seine Geschäftsvorhaben. Planen Sie im Voraus, wie Sie mit diesen Gesprächen und Ihrer eigenen Reaktion umgehen können, damit die Dinge nicht eskalieren. Sagen Sie Ihrem Partner, wie er Ihnen helfen kann.

6. *Setzen Sie sich vernünftige Ziele.* Es einfach zu »überstehen« kann ein ausgesprochen sinnvolles Ziel für einen Familienbesuch sein, wenn Sie aus einer Familie stammen, in der es leicht zu intensiven Reaktionen und Spannungen kommt. Ihre Familie mit Respekt zu behandeln und einen Besuch durchzustehen, ohne sich in eine Auseinandersetzung verwickeln zu lassen, sind weitere lohnenswerte Ziele. Fühlen Sie sich der Herausforderung gewachsen, sollten Sie die Messlatte höher legen und mit neuen Verhaltensweisen experimentieren. Sie könnten beispielsweise davon absehen, Ratschläge zu erteilen, Ihren Vater zu einem Spaziergang mit Ihnen einladen, Ihren Verwandten Familiengeschichten entlocken, über ein persönliches Problem mit ihnen sprechen oder versuchen, sich Ihrer Mutter gegenüber an das Verhältnis von 5:1 von positiven zu negativen Kommentaren zu halten.

Eine Paarbeziehung schließt die Herausforderung mit ein, auf erwachsene und rücksichtsvolle Weise den Kontakt mit der Herkunftsfamilie zu pflegen, also vorauszuschauen und zu planen, statt emotional zu reagieren und den Stress an einem Unschuldigen auszulassen – Ihrem Partner.

Regel Nr. 102

Unterstützen Sie Ihren Partner im Kontakt mit seiner Familie

Die Familie Ihres Partners ist nicht nur sein Problem – oder Segen. In einer guten Beziehung können die Partner sich auf die gegenseitige Unterstützung im Umgang mit Familienmitgliedern verlassen. Im Folgenden werden fünf Möglichkeiten aufgezeigt, wie Sie Ihren Partner unterstützen können, ob Ihnen danach zumute ist oder nicht. Jede Art der Hilfe, die Sie ihm zuteilwerden lassen, wird das Band zwischen Ihnen beiden festigen und Ihnen auf Dauer die Bewunderung und Dankbarkeit Ihres Partners einbringen.

1. *Unterstützen Sie die engen Familienbande Ihres Partners.* Wenn Ihr Partner eine sehr enge Beziehung zu seiner Schwester hat, sollten Sie verstehen oder zumindest tolerieren lernen, dass er bei Familienbesuchen sehr viel Zeit mit ihr verbringen oder ausgedehnte Telefonate mit ihr führen möchte. Streben Sie nach innerer Großzügigkeit, auch wenn es normal ist, eifersüchtig auf dieses lebenslange Band zu sein, das Ihrer Beziehung zeitlich vorangeht. Versuchen Sie, etwas zu sagen wie: »Ich passe gern auf die Kinder auf, damit du mit deiner Schwester ausgehen kannst«, statt mürrisch zu reagieren oder den Ausgeschlossenen zu spielen.
2. *Würdigen Sie die Gepflogenheiten in seiner Familie.* Wenn die Familie Ihres Partners Brettspiele oder Fa-

milientreffen an einem bestimmten Ort liebt, dann seien Sie kein Spielverderber, auch wenn Sie gerade lieber an einem ganz anderen Ort durch die Museen schlendern würden. Machen Sie voller Enthusiasmus mit, auch wenn es nicht Ihr Ding ist. Kommt die Familie Ihres Partners zu Besuch, besteht Ihre Rolle darin, ihn zu unterstützen und gleichzeitig Ihre eigenen Beziehungen mit Ihren angeheirateten Verwandten zu pflegen.

3. *Helfen Sie Ihrem Partner mit schwierigen Familienmitgliedern.* Laden Sie während eines Familienbesuchs das schwierigste Familienmitglied dazu ein, einen Nachmittag mit Ihnen zu verbringen. Damit gönnen Sie Ihrem Partner nicht nur eine Verschnaufpause, Sie werden auch seine Familie – und damit letztlich Ihren Partner – besser kennenlernen. Bieten Sie ihm an, ebenfalls ein paar Worte mit seiner schwierigen Tante zu wechseln, wenn er diese zum Geburtstag anruft. Da Sie keine Kindheitsgeschichte mit der Familie Ihres Partners haben, wird dies für Sie keine so schwierige Aufgabe sein, egal wie ungern Sie sie übernehmen.
4. *Stacheln Sie nicht an, sondern hören Sie zu.* Falls zur Familie Ihres Partners jemand gehört, den keiner von Ihnen ausstehen kann, sollten Sie Ihren Partner unterstützen, ohne seinen Zorn noch weiter zu schüren. Ihr Partner muss Dampf ablassen können, ohne dass Sie ihm weitere Gründe für seinen Ärger liefern. Zum Besten, was Sie tun können, zählt, ihm zu sagen: »Ich verstehe wirklich, warum dich das so aufregt, und ich werde dir helfen, so gut ich kann.« Nicht hilfreich ist:

»Du hast recht, Fred ist wirklich der schlimmste Bruder auf der Welt! Weißt du noch, wie er zwei Stunden zu spät zu deinem Geburtstagsessen aufgekreuzt ist?«

5. *Fragen Sie Ihren Partner, wie Sie ihm helfen können.* Das bedeutet nicht, dass Sie sich einverstanden erklären, den Wagen mit seinen nörgelnden Eltern auf dem Rücksitz in den Fluss zu steuern. Aber Sie können mit Humor, Ablenkung und Liebe versuchen, ihn zu beruhigen. Seien Sie mitfühlend, wenn seine Situation schwieriger ist als Ihre: »Der Umgang mit meiner Familie ist so unkompliziert, dass ich mir gar nicht vorstellen kann, wie es ist, mit einem so schwierigen Vater fertigwerden zu müssen.«

Ihren Partner zu unterstützen, heißt nicht, sich seine Wut gegenüber einem Familienmitglied zu eigen zu machen oder eine »Alles ist erlaubt«-Politik zu verfolgen. Vielmehr sollten Sie ihm helfen, weiterhin den Kontakt mit seiner Familie aufrechtzuerhalten und ihr gegenüber wohlwollend zu bleiben – und, wo Sie schon einmal dabei sind, auch selbst versuchen, dieser Familie Wohlwollen entgegenzubringen.

Regel Nr. 103

Vermeiden Sie den Bruch mit Familienmitgliedern

So etwas wie einen »klaren Bruch« mit unserer Herkunftsfamilie gibt es nicht, denn das Paradoxe ist: Wenn wir den Kontakt zu einem wichtigen Familienmitglied abbrechen, wird seine Präsenz in unserem Leben nur noch nachdrücklicher. Wir tragen diesen Menschen die ganze Zeit mit uns herum und wissen es nicht einmal. Durchtrennen wir eine Verbindung, die Teil unserer Familiengeschichte ist, verschwinden damit die Gefühle nicht, denen wir aus dem Weg gehen wollen. Sie werden nur verdrängt, um dann in der Beziehung zu unserem Partner und oft auch in der zu unseren Kindern wieder aufzutauchen. Ein Bruch mit Mitgliedern unserer Herkunftsfamilie, einschließlich der Großfamilie, ist nicht hilfreich für unsere Beziehung.

Er ist vielmehr eine extreme Form des Sichdistanzierens, mit der wir versuchen, unsere emotionale Intensität zu verringern, indem wir Familienmitglieder aus unserem Leben streichen, so als würden sie nicht mehr existieren. Menschen brechen Beziehungen nicht beiläufig ab oder weil sie gemein oder gefühllos sind. Im Gegenteil: Sie tun dies in dem Versuch, sich vor potenziell unkontrollierbaren Gefühlen zu schützen und sich in ihrer Haut wieder wohlzufühlen. Die Familiengeschichte meines Vaters ist durchzogen von vielen Traumata und Brüchen zwischen Familienmitgliedern. Seine Mutter hatte zu keinem einzigen Mitglied ihrer Herkunftsfamilie mehr Kontakt, ebenso wenig zu ihrer einzigen Tochter, meiner Tante Anne, die dann ihrerseits die Beziehung zu mir und meiner Schwester abbrach. Dieses Vermächtnis, so nahm ich mir fest vor, wollte ich nicht an die nächste Generation weitergeben.

Sollten Sie zurzeit das Bedürfnis nach Distanz verspüren, dann respektieren Sie es. Versuchen Sie aber auch, sich eine Zukunft vorzustellen, die nicht unumstößlich festgeschrieben ist. Vielleicht vollzieht sich irgendeine Veränderung, die es Ihnen ermöglicht, eine bestimmte Form des Kontakts wieder in Erwägung zu ziehen. Ihre Beziehung zu Ihrem Partner wird wesentlich unbeschwerter sein, wenn Sie einen gangbaren Weg finden, den Kontakt zu einem Menschen wiederherzustellen, der Teil Ihrer Geschichte ist – und deswegen ein Teil von Ihnen und dem, was Sie in Ihre Beziehung mit einbringen.

Regel Nr. 104

Nehmen Sie kein Blatt vor den Mund – aber nicht aufregen!

In Ihrer Familie gibt es wahrscheinlich mindestens ein Mitglied, das Sie gern umtauschen würden. Wenn Sie ein außerordentlich reifer Mensch sind, werden Sie erkennen, dass das ablehnende, aufdringliche, unhöfliche oder auf andere Weise unerträgliche Verhalten dieser Person nur mit ihr selbst und nichts mit Ihnen zu tun hat und dass eben dieses Familienmitglied beste Absichten hegt und einfach unsicher oder unglücklich ist. Da wir jedoch auf Reaktivität gepolt sind – und die Familie bei keinem von uns diese Reife zum Vorschein bringt –, werden Sie sich wohl eher über dieses störende Verhalten ärgern, vor allem wenn es zu einer ständigen Gewohnheit geworden ist. Ist dies der Fall, sollten Sie zum Wohl Ihrer Beziehung und Ihrer psychischen Gesundheit kein Blatt vor den Mund nehmen – sobald Sie sich beruhigt haben, natürlich.

Sie könnten sagen: »Ich respektiere, dass du die Kinder anders erziehen (oder anders ernähren, die Wohnung anders gestalten, die Küche anders einrichten) würdest, aber wir machen es nun mal so.« Sie könnten eine Frage stellen, die dazu auffordert, Rechenschaft abzulegen: »Mutter, bist du stolz auf unsere Tochter Molly? Du redest in einer Weise über Aaron [ihr anderes Enkelkind], die mir manchmal das Gefühl gibt, dass du ihn im Vergleich zu Molly in den Himmel hebst.« Sie könnten eine direkte Bitte formulieren: »Vater, wenn du solche Bemerkungen über Mutter machst, fühle ich mich unwohl. Ich brauche eine Beziehung zu euch beiden, deshalb wäre es mir lieber, wenn du mit mir nicht über Mom sprechen würdest.«

Da sich automatische Verhaltensweisen nur schwer verändern lassen, müssen Sie sich vielleicht wie eine Platte mit Sprung anhören und sich auch damit abfinden, dass sich eins der Mitglieder Ihrer Familie möglicherweise niemals zusammenreißen wird, egal wie ruhig und vernünftig Sie mit ihm sprechen und wie sehr es sie liebt. Trotzdem ist es wichtig, seine Meinung zu äußern.

Achten Sie genau darauf, wie Sie etwas sagen. Wütend zurückzuschlagen oder auch nur in ärgerlichem Ton zu antworten, hilft nicht. Vor allem Eltern neigen dazu, abwehrend und verletzt zu sein und sich sofort zu verschließen, wenn Sie etwas sagen, was für sie klingt, als wären sie eine schlechte Mutter oder ein schlechter Vater. Denken Sie daran, dass sich Familienbeziehungen schwerer reparieren lassen als die Beziehung zu Ihrem Partner. Wenn Sie einen schlechten Tag haben und Ihre Wut an Ihrem Partner auslassen, finden sich im täglichen Zusammenleben leichter Möglichkeiten, dies wiedergutzumachen. Es ist viel schwieriger, den abgebrochenen Kontakt zu einem Familienmitglied wiederherzustellen, vor allem wenn es nicht in der Nähe lebt. Äußern Sie Ihre Meinung also klug und wohlüberlegt.

Regel Nr. 105

Angeheiratete Verwandte: Erkennen Sie, wer wofür verantwortlich ist

Wenn sich einer der Partner (in der Regel der Mann) zu wenig mit einem Elternteil oder Familienmitglied befasst, wird der andere (in der Regel die Frau) sich wahrscheinlich mit ebendieser Person zu viel beschäftigen. Eine übliche Folge hiervon ist die »Dreieckskonstellation mit Schwiegermutter«, in der der Mann freundliche Distanz zu seiner Mutter wahrt und ihr gegenüber mit seinen Ansichten hinter dem Berg hält. Die negativen Emotionen werden dann auf die Beziehung zwischen Ehefrau und Schwiegermutter verlagert. Die Lösung: Setzen Sie sich mit Ihrer Mutter auseinander. Überlassen Sie es nicht Ihrer Partnerin, als Blitzableiter zu fungieren.

Als Jack zu mir kam, steckte er mitten in einer Krise, verzweifelt, dass seine Frau und seine verwitwete Mutter Rosa nicht miteinander auskamen. Die Situation spitzte sich dramatisch zu, als Rosa, die in Kalifornien lebte, zu Besuch nach Kansas City kam und gleich damit loslegte, Judys Verhalten als Mutter zu kritisieren – von der Art, wie sie ihre Kinder ernährte (nicht genug Protein), bis hin zu ihrem Unvermögen, ihnen genügend Aufgaben zu übertragen (»Sie müssen nicht mal den Tisch abräumen!«). Judy erklärte daraufhin Jack, dass sie die Nase voll habe und dass seine Mutter nie wieder zu Besuch kommen könne. Jack versuchte, Judy das Verhalten seiner Mutter zu »erklären«, was sie nur noch in ihrem Vorsatz bestärkte, dass ihre Schwiegermutter nie wieder einen Fuß in ihr Haus setzen würde.

Ich half Jack, seine Meinung sowohl gegenüber seiner Frau als auch seiner Mutter zu vertreten. Zuerst sagte er Judy, er werde es seiner Mutter nicht verbieten, sie zu besuchen. Auf liebevolle Weise hielt er dann an seiner Grundsatzentscheidung fest. Niemand sollte je zwischen einem Ehepartner und einem Elternteil wählen müssen. Jack entschuldigte sich auch bei Judy, dass er es ihr überlassen hatte, sich beim Besuch der Mutter um diese zu kümmern. »Es tut mir leid, dass ich nicht mit meiner Mutter über ihre Kritik an dir gesprochen habe«, sagte er. »Ich weiß, dass sie viel an dir herumnörgelt, und das ist nicht in Ordnung.« Er teilte Judy mit, dass er hierüber mit seiner Mutter reden würde.

Nun musste Jack sein Versprechen einlösen. Er nahm sich einen Tag Urlaub und sorgte dafür, dass er Zeit allein mit seiner Mutter hatte. Er fragte Rosa, wie es ihr *wirklich* gehe, und erzählte ihr von einem Problem in der Arbeit, statt freundlich und oberflächlich Konversation zu betreiben. Schon allein das entspannte die Situation, weil Rosas kritische Haltung gegenüber Judy daher rührte, dass sie das Gefühl hatte, Jack nach seiner Heirat verloren zu haben. Tatsächlich hatte er seitdem wesentlich seltener angerufen, und wenn er es dann doch getan hatte, blieb die Unterhaltung oberflächlich.

Jack sprach mit seiner Mutter auch auf liebevolle und vorwurfsfreie Weise über ihre Kritik an Judy: »Mutter, du und Judy, ihr seid die beiden wichtigsten Frauen in meinem Leben. Judy ist meine Ehefrau und du bist meine Mutter, und es ist mir wichtig, dass ihr miteinander auskommt und respektvoll miteinander umgeht. Ich weiß, dass du, was die Kindererziehung angeht, eine Expertin bist, während Judy und ich noch unseren Weg finden müssen. Doch selbst wenn wir Fehler machen, müssen wir so handeln, wie wir es für richtig halten. Und wir legen Wert auf deinen Respekt und deine Unterstützung, selbst wenn du anderer Meinung bist.« Er machte seiner Mutter deutlich, dass Judys Erziehungsmethoden auch seine waren.

Jack ließ sich nicht beirren, als seine Mutter widersprach, und behauptete sich mit Humor und Takt. Als Rosa argumentierte: »Ich kritisiere Judy nicht, ich will nur helfen. Sie will mir einfach nicht zuhören!«, ließ Jack sie ausreden und sagte dann: »Mutter, du hast so viel Erfahrung. Du hast das wunderbar hingekriegt, mich großzuziehen; deswegen hat Judy sich auch in deinen Sohn verliebt. Aber im Moment müssen Judy und ich unsere eigenen Fehler machen.« Als seine Mutter verbittert erwiderte: »Dann werde ich meine Meinung eben überhaupt nicht mehr äußern«, umarmte Jack sie und sagte: »Mutter, wenn du glaubst, wir sollten etwas anders machen, dann möchte ich, dass du mit *mir* darüber sprichst. Was immer du vorschlagen möchtest, ich werde es mir gern anhören.«

Die Veränderung trat nicht schon durch ein einziges Gespräch ein, sondern dadurch, dass Jack diesen Weg weiterverfolgte und wieder zu ihm zurückfand, wenn er ihn vorübergehend aus den Augen verloren hatte.

Auch Judy trug ihren Teil dazu bei, die Dreieckskonstellation aufzulösen, indem sie lernte, ihrer Schwiegermutter mit Lockerheit und Humor zu begegnen. Als Rosa ihr zum Beispiel sagte, ihre Tochter werde immer weniger und sehe aus wie ein Strich in der Landschaft, seit die Familie sich vegetarisch ernähre, scherzte Judy mit ihr, statt sich in eine Auseinandersetzung hineinziehen zu lassen. »Glaubst du wirklich, Emma sieht aus wie ein Strich in der Landschaft? Na ja, in unserer Familie gibt es so viele Pummel, dass wir den einen oder anderen Strich in der Landschaft durchaus noch brauchen könnten.« Sie reagierte auch auf Rosas gute Eigenschaften (jeder hat welche) und gab Jack damit mehr emotionalen Spielraum, sich über die Beziehung zu seiner Mutter klarzuwerden.

Diese Bemühungen führten nicht nur dazu, dass Rosas Besuche weniger anstrengend waren und dass Jacks oberflächliche Beziehung zu seiner Mutter sich in eine echte Beziehung verwandelte. Auch Jacks Selbstwertgefühl und Selbstvertrauen nahmen stark zu. Nicht vorhergesehen hatte Judy, dass ihr Ehemann schließlich (im besten Sinne des Wortes) viel freimütiger war als der Mann, den sie geheiratet hatte – was ihr anfänglich ein wenig Unbehagen bereitete. Wenn wir lernen, gegenüber Mitgliedern unserer Herkunftsfamilie offen unsere Meinung zu vertreten, werden wir automatisch auch ein stärkeres, durchsetzungsfähigeres Ich in unsere Paarbeziehung einbringen.

Regel Nr. 106

E-Mails: Klicken Sie nicht auf »senden«!

Kleben Sie diese Haftnotiz an Ihren Computer: »Wenn du wütend bist, dich missverstanden fühlst oder aus einem anderen Grund erbittert bist, schreib diese E-Mail nicht!« Wenn Sie eine emotional geladene E-Mail erhalten, zahlen Sie sie nicht mit gleicher Münze heim. Schicken Sie stattdessen eine kurze Antwort folgenden Wortlauts: »Danke für deine Ehrlichkeit. Ich werde über deine Worte gründlich nachdenken. Lass uns eine Zeit vereinbaren, um am Telefon darüber zu sprechen oder wenn wir uns das nächste Mal sehen.« Sorgen Sie dafür, dass der Austausch nicht über E-Mails stattfindet.

Am verhängnisvollsten sind lange E-Mails (noch längere als diese Regel) mit allen Einzelheiten, die Ihrer Meinung nach dem anderen helfen werden, die unumstößliche Wahrheit Ihres Arguments zu verstehen oder zu begreifen, wie sehr er Sie verletzt hat. Ich habe keine groß angelegte Studie durchgeführt, doch meine informellen Beobachtungen legen Folgendes nahe: Je größer die Anzahl der Wörter, desto schneller geht die Beziehung den Bach runter.

Der Ton (wird leicht missverstanden) sowie die Kommunikation in Form einer E-Mail unterscheiden sich stark von einer Unterhaltung von Angesicht zu Angesicht. Selbst eine kurze konstruktive Kritik per E-Mail kann zur Eskalation führen. Gennie, eine Klientin von mir, war verärgert über ihren jüngeren Bruder Joe, der oft bei ihr übernachtete, ohne beim Kochen zu helfen, den Tisch zu decken oder abzuräumen oder sich auf irgendeine andere Art nützlich zu machen. Nach einem seiner Besuche schrieb sie ihm folgende E-Mail: »Es war super, dass du da warst, aber ich muss dir sagen, dass wir hier kein Hotel führen. Bitte pack mit an und hilf, wenn du das nächste Mal bei uns bist.« Ihr Bruder, der sich, wie ich annehme, peinlich berührt fühlte, antwortete ihr mit einer längeren, sich verteidigenden Mail, die zu einer noch längeren erklärenden Mail von Gennie führte. Dieser Austausch gipfelte schließlich darin, dass ihr Bruder ihr schrieb, sie solle sich keine Sorgen machen, er werde sie nicht mehr mit weiteren Besuchen belästigen.

Die Situation wurde schließlich bereinigt, doch beide Parteien fühlten sich verletzt. *Nicht einer der beiden, sondern die E-Mail war der Übeltäter.* Die Sache wäre ganz anders gelaufen, wenn Gennie zu ihrem Bruder während einem seiner Besuche gesagt hätte: »He, Joe, hilf mir mal beim Tischdecken« oder »Joe, hier ist der Staubsauger. Bitte saug das Wohnzimmer, während ich koche«. Hätte er sie ignoriert, wäre eine andere Ebene der Unterhaltung in Ordnung gewesen, zum Beispiel: »He, Joe, magst du mir verraten, was hier abgeht? Ich habe dich zweimal gebeten, mir dabei zu helfen, den Tisch abzuräumen, und du hast mich ignoriert. Was ist los?«

> Sagen Sie, was Sie sagen möchten – oder lassen Sie die Sache auf sich beruhen.

Unterhaltungen von Angesicht zu Angesicht erfordern Mut, E-Mails nicht. Doch es lohnt sich, den rechten Weg zu beschreiten und zu *sagen*, was man sagen möchte – oder aber die Sache auf sich beruhen zu lassen. Betrachten Sie jede mutige Unterhaltung mit Familienmitgliedern als ein großartiges Übungsfeld, um Ihre Beziehung mit Klarheit, Mut und freudiger Überzeugung zu führen.

Epilog: Eins kann ich Ihnen versprechen

Mein Mann bemerkte neulich abends, dass wir in unseren über vierzig gemeinsamen Jahren viele Ehen gehabt hätten. Da konnte ich ihm nur zustimmen. Das Paar, das wir als Studenten in New York City und Berkeley waren, unterschied sich von den Eheleuten, die wir in Topeka waren – vor allem, nachdem wir Eltern wurden. Zudem hat sich unsere Ehe verändert, seit unsere Söhne erwachsen geworden, von zu Hause weggegangen und verheiratet sind. Im Lauf der Zeit sind auch wir erwachsen geworden, was nicht heißt, dass wir uns nicht gelegentlich wie Elfjährige benehmen.

Persönlicher Wandel ist wie körperlicher Wandel: dramatisch und kaum wahrnehmbar zugleich. Ich könnte nicht sagen, wie viele unterschiedliche Ehen wir in unserer langen gemeinsamen Geschichte geführt haben. Vielleicht sieben, entsprechend der Anzahl der unterschiedlichen Wohnungen und Häuser, in denen wir gelebt haben? Egal, aus wie vielen Beziehungen Ihre Beziehung besteht, eins kann ich Ihnen versprechen: *Wenn Sie zusammenbleiben, wird sich Ihre Partnerschaft im Lauf der Zeit auf unvorhergesehene und verblüffende Weise verändern.*

Diese Tatsache ist weder gut noch schlecht – sie ist vielmehr gut *und* schlecht. Zuerst die schlechte Nachricht: Wenn

Ihre Beziehung im Moment problemlos läuft, sollten Sie sich nicht auf der faulen Haut ausruhen, denn Ihr gemeinsames Leben wird unerwartete Wendungen nehmen. Ist Ihre Beziehung schwierig und enttäuschend, verlieren Sie nicht die Hoffnung, denn Wandel ist alles, worauf wir sicher zählen können. Das Ganze auf lange Sicht zu betrachten – schließlich sind Ehen und Lebensgemeinschaften ja auf Dauer angelegt –, sollte uns Zeit zum Innehalten gewähren und Geduld verleihen.

Mein zweites Versprechen: *Wenn Sie zehn Regeln aus diesem Buch auswählen (die zehn für Sie wichtigsten und bedeutsamsten) und sie langfristig befolgen, erhält Ihre Beziehung eine ausgezeichnete Erfolgschance.* Vergessen Sie nicht, dass Ihre Beziehung aufgrund kleiner, bedeutender, jetzt vorgenommener Veränderungen in sechs Monaten, ganz zu schweigen in fünf oder zehn Jahren, völlig anders aussehen kann. Wenn Sie dieses Buch in Händen halten, dann sind Sie, wie ich glaube, bereit, Schritte zu unternehmen, um Ihre Beziehung zu schützen und zu verbessern. Ich habe noch nie erlebt, dass jemand meine Hilfe gesucht hat, weil er entschlossen war, noch tiefer in den Schlamassel zu geraten.

Betrachten Sie die Beziehungsregeln also als eine Art Leitfaden für eine solide Partnerschaft und ein stärkeres Selbst. Wenden Sie die Regeln an, die für Sie funktionieren. Ignorieren Sie den Rest. Möge Ihre Beziehung – und mögen Sie – bestens gedeihen.

Danksagung

Ich habe vielen Menschen zu danken.

Jeffrey Ann Goudie und Emily Kofron stellen auch weiterhin ihre beharrliche Liebe und Freundschaft unter Beweis, indem sie Buch für Buch zu mir stehen, kurzfristig Entwürfe redigieren und stets verbessern, was sie lesen. Was immer ich Marcia Cebulska schickte, bereicherte sie mit ihrer Perspektive als Bühnenautorin und ihrem aufrichtigen persönlichen Feedback. Euch dreien: Ich kann mir das Schreiben ohne euch nicht vorstellen.

Meine Söhne Matt und Ben waren noch klein, als ich mein erstes Buch veröffentlichte. Wie seltsam, bei diesem Projekt nun bei ihnen Rat zu suchen und von ihrer Großzügigkeit und ihrem enormen Sachverstand zu profitieren. Danke auch meinen wunderbaren Schwiegertöchtern Josephine Saltmarsh und Ariana Mangual für ihr wertvolles Feedback und ihre bedingungslose Liebe und Unterstützung. Eine feste Umarmung meiner Schwester (und Koautorin unserer Kinderbücher) Susan Goldhor für ihre hervorragenden Bearbeitungsvorschläge zu vielen Kapiteln.

Viele andere haben im Verlauf des Projekts auf meine Hilferufe reagiert. Besonders dankbar bin ich meiner Freundin und Kollegin Julie Cisz für wichtige Gespräche sowie Joanie Shoemaker für ihre wohlüberlegten Vorschläge. Danke auch

Thomas Fox Averill, William Doherty, Monica McGoldrick, Leonore Tiefer, Esther Perel, Caryn Miriam-Goldberg und Brenda Kissam. Und ein großes Dankeschön an Marian Sandmeir für ihre enthusiastische Unterstützung und gekonnte Redaktion.

Ich verdanke zahlreichen Menschen sowohl in intellektueller als auch in emotionaler Hinsicht so viel, dass ich sie gar nicht alle erwähnen kann, angefangen bei den Mitarbeitern der Menninger Foundation, wo ich meine Ausbildung nach der Doktorarbeit abschloss und danach arbeitete. Während der Jahrzehnte als Psychologin bei Menniger hatte ich viele gute Lehrer. Ich hatte auch von Anfang an das Glück, in ein Netzwerk feministischer Kolleginnen eingebunden zu sein, die meine Arbeit in schwierigen Zeiten unterstützten und durch die ich eine neue Bedeutung einer intellektuellen Gemeinschaft entdeckte. Bis heute haben so viele wichtige Theoretikerinnen, Therapeutinnen und Erneuerinnen meine Arbeit inspiriert, dass ich sie gar nicht alle aufzählen könnte.

Als William (Bill) Shinker, der Gründer und Leiter von Gotham/Avery, sich verpflichtete, das Buch *Beziehungsregeln* herauszugeben, hatte ich das Gefühl, nach Hause gekommen zu sein. Er war es, der zusammen mit Janet Goldstein mein erstes Buch *Wohin mit meiner Wut* herausgab und meine Karriere als Autorin anstieß und förderte. Bill repräsentiert seit jeher Herz und Seele des Verlagswesens in seiner besten Form. Ich danke ihm für seine Integrität und Vorstellungskraft und dafür, dass er mir einmal ein selbst zubereitetes Feinschmeckermenü versprochen hat, das einzufordern ich immer noch vorhabe. Bill wies mich seiner hervorragenden Cheflektorin Lauren Marino zu, die mich, wenn es nötig war, stark forderte, mir aber dennoch den Freiraum gab, meinen eigenen

Weg zu gehen. Eine Freude war es auch, mit Cara Bedick, Laurens scharfsichtiger, effizienter Assistentin zusammenzuarbeiten. Judy Myers leistete großartige Arbeit beim Lektorieren des Endmanuskripts.

Es ist schwierig, meiner Agentin/Managerin Jo-Lynne Worley einmal auf neue Art dafür zu danken, dass sie meine Arbeit, seit wir uns im Herbst 1990 zusammengetan haben, bereichert und unterstützt. Wie immer baue ich auf ihre unerschütterliche Geduld, ihre Kompetenz und ihre dauerhafte Freundschaft. Sie hat nie den Glauben an meine Fähigkeit verloren, ein Buch zu Ende zu schreiben.

Schließlich sorgt mein stets wachsendes Netzwerk von Familie und Freunden dafür, dass ich auf dem Boden der Realität bleibe. Danke auch meinen Klienten und treuen Lesern, von denen ich so viel lerne. Ohne sie alle würde es keine Bücher von mir geben. Ich fühle mich auch gedrängt, der wunderschönen, hügeligen Stadt Lawrence, Kansas, zu danken, die seit 2002 mein Zuhause ist – eine perfekte Gemeinde, um darin zu leben und zu arbeiten.

Steve, mein lustiger, liebevoller, großzügiger, fürsorglicher und talentierter Psychologen/Musiker/Filmemacher-Ehemann seit über vierzig Jahren – danke für alles! Wenn ich an unser gemeinsames Leben denke, kann ich mein Glück kaum fassen.

Die Regeln

1 Bringen Sie Schwung in die Sache

2 Mäßigen Sie Ihre Kritik

3 Überwinden Sie Ihr Zuhördefizitsyndrom

4 Beenden Sie die Verfolgungsjagd: Nähe zu einem distanzierten Partner

5 Kämpfen Sie mit fairen Mitteln

6 Vergessen Sie »normalen« Sex

9 Helfen Sie Ihrer Beziehung, Stiefkinder zu überleben

10 Ihre Herkunftsfamilie: Der Königsweg zu einer guten Beziehung